U0136336

Formosa 發現台灣系列
圖文卷

Formosa 發現台灣系列
圖文卷

棒球一百年
One Hundred Years of Baseball in Taiwan

謝仕淵、謝佳芬◎著

 國立臺灣博物館
National Taiwan Museum

國立臺灣歷史博物館
National Museum of Taiwan History

遠雄文教基金會
Farglory Foundation

推薦序

野球到棒球

　　歷史的樂趣不在於那些將相王侯改朝換代的流水帳，會引發人與歷史產生互振脈動的歷史敘說書寫，才能讓人感受到歷史發現的趣味與情感，因此儘管歷史的研究舉凡政治、經濟、社會、思想史，仍是歷史學的重要領域，但文化史、生活史的題材卻是日益增加，休閒、體育、運動是人們生活節奏過程中，工作與休息、勞動與運動對應下的文化內涵，運動史探討各類運動的發展變遷、運動者與觀看者的互動、體育運動蘊藏的歷史意義，尤其運動歷史的趣味性更是活化歷史，普及歷史知識的極佳媒介。

　　棒球、足球、籃球等是田徑運動競賽之外吸引最多觀眾的球類運動，台灣的棒球運動發展歷史已超過一個世紀，那些常將「日本時代」掛在嘴邊的昭和世代台灣人，「能高團」、「嘉義高農」野球隊的光榮戰績，是他們對親身經歷過之「美麗世界」殘留的追憶。所謂的「四、五年級生」在充滿「莊敬自強、處變不驚」加上譴責日本「以怨報德」氣氛的時代，「金龍」、「七虎」、「巨人」帶來的喜悅與感傷猶然點滴在心頭；世紀交替的前後，龍虎獅象鷹熊牛的競逐爭勝，已成為相當多人日常生活的一部分，是不分男女老幼、族群、城鄉的全民運動娛樂。棒球比賽中讓對方掛零的「kunku」（日語，英文是 skunk）轉化為稱呼週二、五樂透沒中獎的「槓龜」，奔回本壘得分的「home run」，竟然在報紙體育版毗鄰的影劇版變成「紅不讓」，從「野球」到「棒球」，投接與傳球、揮棒和奔跑一連串的動作，串連起台灣人的運動歷史記憶。

　　日本時代台灣的棒球運動具有殖民主義的色彩，就日本本國而言，一八五四年美國裴理（Perry）艦臨城下的「黑船事件」，促成日本的開放與明治維新，在文明開化的政策下，美國的棒球運動導入日本，而且發展為日本的國球運動。一八九五年台灣成為日本殖民地，日本在台灣同步進行近代化與日本化的改造，西方的體育運動被當作改造台灣土民成為現代國民的機制，運動既是強身的鍛鍊，亦是行為的規訓與控制，更具有社會動員的功能。台灣人在新事物的接納受容過程，體會勞動與運動的差異，更對新興體育活動產生濃厚興趣，台日間的棒球互動趨於頻繁，一九三一年嘉義農校野球隊在全日本甲子園大賽中獲得亞軍的佳績，象徵台灣人挑戰內地求勝的心情，未嘗不是帶有反殖民支配的潛在意義。而後山「能高團」的興起，奠定日後紅葉傳奇的基礎，嘉農球隊的歷史，擴衍了南台灣的棒球傳承。

　　一九四〇、五〇是台灣棒球斷續轉接的年代，中華民國政府在接收台灣至中央政府「轉進」台灣後，因進行去日本化的措施，日本時代已極普遍的棒球運動稍有消退，由上海引入的籃球日漸盛行，使台灣的球類運動隱然有北部都市外省人打籃球，南部本省人打棒球的態勢。隨著台灣親美的外交、軍事關係與日本時代的歷史遺緒，使得棒球運動再度興起，而一九七〇年代中華民國外交的挫敗，台灣少年國手撐著國旗前往美國參加少棒、青少棒、青棒比賽，這種比賽實質上是社區型的棒球賽，卻被誇大為「世界盃」比賽，於是台灣的棒球運動變成全民的國族運動，深夜守著電視機看實況轉播為「中華隊」加油，是那個時代全島最「暗爽」的大事，棒球中華小將、布袋戲的史艷文、拳腳功夫片的李小龍幾乎全面取代教科書中的民族英雄。

　　隨著台灣快速工業化與產業升級而進入高度資本主義的時代，政治民主化也反應在各層面事務的鬆綁，一九八七年台灣解嚴，職業棒球也恰在同年開始醞釀而在一九九〇年正式開打，迅速蔚為體壇盛事，綻放出一片榮景，然而職棒同樣反應台灣的經濟現象：「台灣沒三日好光景」、「一年換二十四個頭家」，其間有歡樂與榮耀、挫敗與寂寥，也有擾攘多端、分分合合，終於逐漸摸索出台灣職棒的「球路」，寄望這些「普洛」的職業選手，繼續給台灣「普羅」大眾帶來快樂與動力。

　　謝仕淵與謝佳芬合寫的這本《台灣棒球一百年》，文圖並茂可讀性高，盼望球迷在歡呼與手舞足蹈之餘，能夠透過此書回首台灣從野球到棒球的歷史，如果要更知性更嚴肅，也能從殖民主義、國族主義到資本主義的脈絡去了解台灣棒球運動發展過程，探索深層的台灣歷史。

中央大學歷史研究所教授

作者序

　　曾有幾次機會，我跟朋友談起被稱之為「國球」的台灣棒球時，常得到對方一個疑惑：「台灣棒球不是從紅葉開始的嗎？」或者「台灣棒球史不是從嘉農開始嗎？」此因多數台灣人對棒球的記憶，已經太習慣從嘉農進軍日本甲子園開始，再從一九六八年紅葉擊敗日本記起。然而，這至少意味著仍有太多台灣棒球故事有待補白。

　　為此，大概有近一年時間，我從一落落報紙中讀起、一個個前輩的訪問中追尋，許多失落的環節便是如此一步步的建構。當然，這樣的過程是艱辛的。

　　但奇怪的是，當我完成碩士論文全力投入寫作時，原本的寫作時所面臨的壓力，竟被一個個超過七、八十歲的前輩所抒解了。在他們身上我不僅找到了棒球發展的連續性視野，我更羨慕他們在晚年對棒球仍舊擁有那般美好的年少記憶。更重要的是，在他們的話語中，我發現人生的積極、樂觀與熱情全寫在他們的棒球生命中，寫作一本棒球書何嘗不應如此。雖然有太多精彩的故事因為篇幅限制而被割愛，但我仍須感謝這些我無法在此一一說出姓名的前輩。真的感謝您們。

　　同時，我也深信如果不是戴寶村老師「用『心』研究台灣史」的教誨，以及詹素娟老師「學術轉化與學術研究一般重要」的鼓勵，這個企圖接近庶民史的書寫，對台灣棒球史、對我而言，都是沒有意義的。

　　除此之外，本書的另一個作者——謝佳芬，能在百忙之際，慨然允諾幫忙日本時代的棒球史，自然令我感激不盡。同時專業又負責的思迅、海靜、純純、子欽等果實的朋友們，謝謝你／妳們一再容忍、一再幫助一個屢屢拖延完稿的作者。

　　在我忙碌的時候，感謝志明、悅茵在資料蒐集上的協助，讓這本書沒有拖過第三個年頭。我也想對淑鳳、丁國、泰翰、景文、妙容、宗信、揚琦、照明、安怡等曾經讀過我粗略不堪的文稿或聽我講著棒球故事的朋友們說聲感謝。

　　此外，若沒有父母以及陪我打球的三個弟弟從小到大陪我、讓我打棒球，至少這個幸運的工作還輪不到我，謝謝妳／你們。

　　最後，對我而言，棒球的研究是既甜蜜又私密的，因此，我相信我寫的棒球史其實只是「我的棒球史」，這意味著台灣棒球史仍有太多可能，因此，希望有更多有心者的參與，讓「國球」發展成「國球史」，便是本書寫作的最深企盼了！

作者序

　　我與多數的都市囝仔一樣，從小到大並沒有什麼實際打棒球的機會，然而棒球卻依然是我成長過程中的好朋友。半夜起床，在電視機前等著看老三台實況轉播中華隊在國際賽事中的精彩表現，是從幼稚園時開始有的興趣與習慣；國小時，和哥哥及鄰居們用報紙摺成紙球、紙手套互相傳接，過過當棒球英雄的乾癮，是現在想來最可愛也最好笑的童年趣事。到了國一，中華職棒風光開打，兄弟象、味全龍、統一獅、三商虎四隊的戰績及球員，成了同學們在繁重課業之外最關心的焦點，職棒為我們的慘綠青春，帶來一方可供喘息的空間。

　　就這樣，棒球像個最忠實的朋友，陪著我一路長大，我雖不算是棒球狂或棒球通，倒也參與及見證著它的起起落落、歡喜悲傷，未曾選擇離開。等到上了研究所，在尋覓個人的論文研究題目時，我想起來，實在是該為這個老朋友做些事情的時候了，這一輩子，我既然已不可能是棒球選手，那何妨貢獻所學，把屬於台灣的棒球史整理與介紹出來。於是，我決定試著去填補那段罕為人知的日治時期台灣棒球史，至少可以讓台灣人知道，棒球運動最初是如何在咱們這塊土地上起源、生根、茁壯。

　　一年多前，謝仕淵學長邀請我一起為台灣棒球史寫本書，原本打算早日完成論文的我，很惶恐卻又很興奮地接下這個工作，我負責的篇幅不多，但在寫稿的過程中，龐大無形的壓力一直籠罩不去，因為始終很擔心那裡寫的不對、寫的不好，怕會誤導大家對台灣棒球的理解或想像，所以我要求自己努力確認每一個細節，努力挖出棒球相關的老舊人事物資料，當然，我無法保證沒有錯誤或遺漏之處，只能保證這是用盡我個人心力的結果，希望有更多同好們，能一同投入台灣棒球及體育史的研究行列。

　　最後，我要感謝戴寶村教授的指導，謝謝您開拓了我台灣史的視野；感謝棒球界的前輩們，謝謝您們帶給大家最好的資料與故事；感謝本書的作者——謝仕淵學長，感激您時常的建議與提醒，對我真是莫大的幫助，和您一同工作，絕對是我的榮幸；感謝編輯部的思迅大哥、海靜姊、純純姊，沒有您們的包容與督促，我們不可能完成；感謝我的爸媽和哥哥，您們是我認識棒球的啟蒙者，真的謝謝您們。

　　更感謝此刻正將這本書打開來看的愛球人，我這個小人物，很幸運地能為台灣棒運做件事，相信大家一定也可以，台灣棒球需要大家永遠的支持與努力！

謝佳芬

台灣棒球一百年

目次 CONTENTS

第一章 登陸台灣——
日本時代的台灣棒球

第四章 重返榮耀——
八〇至九〇年代的成棒與職棒

登陸台灣──
日本時代的台灣棒球

棒球的起源

　　棒球運動並非一開始就是我們現今所見的樣貌，對於它究竟在何時、何地由何人所發明，英、美人士各有其說。有人認為棒球運動乃是英國古老遊戲板球、圓場球（Rounders，又有稱 Townball 或 Base Ball）傳入美國後演化而成的；也有人堅持棒球是美國人自己原創的運動。為了弄清楚棒球從何而起，西元一九○五年，一群美國棒球界極有

◆棒球運動最早期的打擊形式和使用的工具，與板球十分近似，有研究者因此認為棒球是從英國傳統的板球遊戲演變而來。

地位的人士就組織了一個專門委員會進行蒐證調查。一九○七年此委員會發表報告，指出史上第一場棒球賽的設計，是在一八三九年時，由紐約古博鎮（Cooperstown）居民達伯德（Abner Doubleday）所創造，他為棒球比賽定出雛形，且曾向人解釋與推廣。此調查結果雖然不一定正確，卻為大部分人所接受。一九三五年時，達伯德的後代子孫發現了一顆內塞碎布、外部有針縫線條，且應該為達伯德所有的老舊棒球，於是棒球起源於古博鎮人達伯德之手的說法又獲得進一步證實。到了一九三九年，為慶祝球賽誕生一百週年，當地居民將這顆達伯德的棒球與其他棒球文物一起陳列，棒球博物館與名人堂正式於古博鎮成立，古博鎮也從此成為棒球聖地！

　　如果說達伯德給了棒球一個架構，那麼給予現代棒球實體的，便是卡爾萊特（A.J. Cartwright）。卡爾萊特是紐約一個棒球俱樂部的會

員，他為俱樂部設計出一套棒球規則，其它的俱樂部也陸續跟進使用。一八四六年六月十九日，卡爾萊特率領隊友與另一支俱樂部球隊進行球賽，這場比賽不僅是第一場採用其所制定的棒球規則的球賽，同時也起了表演示範作用。卡爾萊特當初訂定的棒球規則有：球場為菱

◆在還沒有人為棒球訂定出一套規則之前，棒球運動是一種綜合板球、圓場球樣貌的民間遊戲，只具有今日棒球的雛型。

形；壘包之間的距離為九十呎；投手與本壘距離四十五呎；本壘板後方為擊球區；每隊有九人上場，守備方有三個外野手及包含捕手、投手在內的六名內野手，攻擊方則輪流上場擊球，三好球則一出局，三人出局才結束一球局；跑壘員不得離壘；打擊次序不得變更；球隊雙方誰先贏得二十一分即贏得比賽……等等。這些規則中，有些在之後經過不斷地修正、刪除或增加，有些卻沿用至今。其中最值得一提的，莫過於所謂的「球場黃金比例」，即壘包與壘包間固定的九十呎間距。不知卡爾萊特是有心還是無意，因為後世研究者幾乎都認同這樣的距離，可以使人類的奔跑速度與投球能力達到最佳的調和與發揮，也就等於進攻方與守備方皆在同等條件下競技，球場距離與人體極限公平地考驗著雙方。這也是棒球比賽能如此精彩、緊張，並衍生出許多高級動作、技巧及戰術的關鍵。

◆卡爾萊特為棒球建立一套明確規則，他所設計的內野壘包與壘包之間固定的90呎間距，被譽為「球場黃金比例」。

TYPICAL BASEBALL INFIELD LAYOUT

GRASS

DETAILS OF HOME PLATE

卡爾萊特的巧思，再生了棒球，他建立的規則首先在棒球俱樂部間造成風潮，也使得棒球運動與棒球賽在美國逐漸興盛起來，並受到各階層民眾的歡迎。一八五八年三月，美國第一個業餘棒球聯盟——全國棒球員協會（National Association of Baseball）設立，當時球賽也已轉變成打滿九局得分多者為勝方。一八六〇年，美國爆發內戰，棒球反成為當時軍隊與後方人

◆圖為兩名美國球員正在示範投、捕的瞬間動作。美國棒球發展到十九世紀末期，其競賽形式、規則或裝備等，皆與現代相去不遠，而美國的棒球技術，更是有心發展棒運的國家所師法的對象，被稱為「棒球母國」，實不為過。

員的娛樂活動，並藉著士兵的轉戰各地散播出去，南北戰爭結束，軍人復員家鄉，也促使棒球更加流行。到了一八六九年，第一支嘗試讓球員領薪水專門打棒球的職業隊「辛辛那提紅襪隊」（Red Stockings）成立，由於受到相當的歡迎，第一個職棒聯盟「國家職業棒球員協會」（National Association of Professional Baseball Players）順勢於一八七一年三月時成立，然此聯盟只維持五個球季，就因球員頻頻跳槽、賭博、球場賣酒等不良事件而停止。直到一八七六年職棒「國家聯盟」（National League）成立，有了前次的教訓，國聯一開始便明文規定球團與球員該遵守的紀律，使職棒得以順利運作。一九○一年，除國聯外，又組成「美國聯盟」（American League）。歷經數次爭奪與談和，一九○三年起，國聯與美聯的優勝隊伍以所謂的「世界大賽」決定那隊才是該年的全美冠軍球隊。自此，職棒受熱愛的程度至今不曾稍減。

十九世紀後半葉，棒球已是美國的全民運動，到一九一○年時，美國總統塔虎托（William Howard Taft）更宣布棒球運動為美國的「國球」。棒球運動在走向成熟的過程當中，以美國為根據地，漸次傳播到南美、歐洲、東亞等地區，更間接影響到台灣，美國被稱為「棒球母國」，實不為過！

從美國擴散的狂潮

隨著美國從十九世紀後半葉起的積極向外擴張，曾受美國監管或列為保護國、附屬國的國家，如：中南美洲的古巴、海地、多明尼加、波多黎各、尼加拉瓜、巴拿馬；亞洲的菲律賓、太平洋各島嶼等地，都無可避免地受到美國文化的影響。也因此，與美國人生活最為貼近的棒球運動，便順勢傳入這些地區而獲得當地人民的喜愛。相反地，北美（加拿大）、南美洲、非洲、亞洲等

◆十九世紀末，棒球運動已發展成為美國的「國球」，是最貼近美國人生活的運動，家庭活動中也常見父親帶著孩子一塊打球，經驗傳承意味濃厚。

區域之中，凡曾被歐洲勢力侵入或殖民的，當地民眾最熱愛、最熟悉的運動，幾乎都是足球。

政治勢力版圖牽動了體育活動版圖，如今運動場上的成績，成了昔日政治角力戰所留下的痕跡，不過，棒球從美國外傳他國，絕非只依憑美國勢力的擴張。在十九世紀末，廿世紀初，棒運傳至亞洲國家主要還有其他兩種管道，其一為留學美國而後歸國服務的學生，其二為美國教會駐外宣教的傳教士，或是到外國任教的美籍教師，包括朝鮮、中國大陸、日本地區的棒運皆是如此傳入當地。

一九〇一年，美國傳教士菲立普・吉力（Phillip Gillett）赴朝鮮推展 YMCA 傳教事業，宣教之餘，他將棒球運動引進朝鮮，不僅自己組織棒球隊做練習，更促成一九〇六年二月廿一日，朝鮮史上第一場棒球賽的舉行。

中國大陸方面，一八四五年，留美歸國的曹泳歸醫生受邀

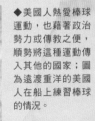

◆美國人熱愛棒球運動，也藉著政治勢力或傳教之便，順勢將這種運動傳入其他的國家；圖為遠渡重洋的美國人在船上練習棒球的情況。

擔任北京匯文書院的義務棒球指導；上海的聖約翰書院則有來自檀香山的華僑學生麥惠安、楊錦魁等人在校內發展棒球運動；不久北京通州協和書院也跟進，使棒球一時之間在教會學校內流行開來。一八七○年代，清帝國政府選派青少年赴美留學，這批留學生因而接觸當時已深入美國家庭與學校的棒球運動，還在當地自組球隊與美國人進行比賽，但是這批包括詹天佑、梁敦彥在內的留學生，回中國後並沒有機會進一步將棒球介紹給國人。一直到一九○五年六月二日，中國才出現第一場正式的棒球賽，這是由上海聖約翰書院及上海青年會於青年會體育場進行的一場比賽，結果由較早推展棒運的聖約翰書院隊獲得勝利。一九○七年，北京地區也有了第一場的校際棒賽，但一直要到一九一一年左右，棒運才漸漸突破只在北方少數幾間教會學校發展的局限，開始受到南北各地學校的重視與推廣，得以興盛起來。

美國對於日本棒運的起源，影響更是全面而深入。西元一八五三年，美國將軍裴里（Matthew Perry）率領四艘軍艦進入日本江戶灣（即今之東京灣）向日本叩關，要求日本放棄鎖國政策，讓美國人能前往通商與進行船隻補給。美國的黑色巨艦與大砲，不僅嚇到日本人，也讓他們驚覺國防上的落後與不足。

黑船叩關促使日本開國，也促使幕府、各地藩主及其他割據勢力將大政奉還天皇，有了大政奉還，才有明治維新；有了明治維新，使日本積極現代化，與西方交流，也才使得棒球藉由赴日教書的美國教師與留美歸國的學生手中傳入日本當地，成為深受日本人喜愛的運動。

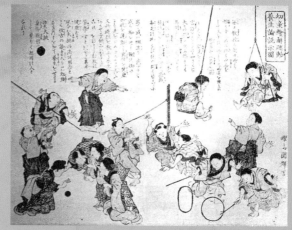

◆西元一八八一年（明治十四年），日本「文部省運動衛生論說示圖」。日本政府明治維新後，受到西方現代思潮的影響，開始重視與推廣新式體育運動與衛生觀念。

從 baseball 到野球

西元一八六八年，日本明治維新時代開始，全國朝野興起「破壞舊物、輸入西洋文明」的思潮與行動，棒球這種正在美國流行的現代運動，便伴隨著這股崇尚西方文明的時代思潮進入日本。一八七三年

◆日本東京的開成學校。一八七三年，美籍教師威爾森將棒球的打法、規則介紹給校內師生，使得此校成為日本國內最早出現棒球運動的地方。

（明治六年），一位美籍教師威爾森（Horace Wilson）到現在東京帝國大學的前身——東京開成學校任教時，將棒球的玩法、規則教給學生，這是棒球運動最早出現在日本的記錄。當時開成學校的師生經常與居住於橫濱一帶的外國人一起打棒球，不過並未組成正式的棒球組織，參與的人也僅是少數。

直至一八七六年，赴美求學的平岡熙回國，才為日本棒運打開大門。平岡熙在美國波士頓大學唸書時，曾經參加紐約地區的棒球隊，十分熱愛棒球，因此當他學成歸日後，也一併將美國最新的棒球技術與觀念直接帶回日本，希望家鄉的人也能認識棒球，感受棒球的魅力。他先是在東京神田三崎町一處練習場指導有興趣的同好打球，二年後，平岡熙至新橋鐵道局工作，藉職務之便，他號召一群同事及

◆日本人平岡熙將留美期間所學的棒球經驗帶回國家，積極組成了日本史上第一支棒球隊「新橋俱樂部」，使棒運得以在日本被認識並傳播開來。

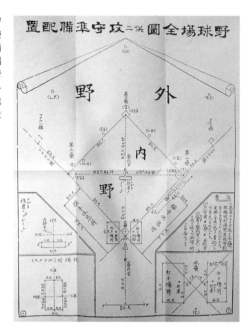

◆日本棒球的攻守準備配置圖。為使球賽能更流暢、精采地進行，棒球場的內、外野配置皆有一定的規則，各區域間之距離，也都經過嚴密的測量與設計。

因工作而認識的外國朋友，組織了日本史上第一支正式棒球隊「新橋俱樂部」。此棒球隊成立後為棒運達到不錯的宣傳效果，許多人都經由平岡熙和球隊練習認識了棒球。而向平岡熙學習英文的伯爵德川達孝更受其感染，進一步於一八八〇年召集家族內人員組成一支棒球隊，甚至在自己的宅邸興建球場練習，目的在能夠與新橋俱樂部棒球隊對戰切磋。德川為棒球出錢出力，狂熱程度比起平岡熙簡直有過之而無不及！至一八八二年，一座較完善的球場「保健場」設立，讓球隊終於有了專門的比賽場地。平岡熙和德川達孝都為棒運投注相當大的心血，再加上兩人都有頗高的社會地位與影響力，這都促使日本的棒球運動得以東京為基點向外傳播出去。

　　一八八三年起，日本多所學校紛紛成立野球部，組織棒球校隊互相比賽，一八八五至八六年間，橫濱地區還曾掀起一股在日洋人的棒球風潮，他們組隊與新橋俱樂部對戰，從賽事中獲得經驗並提升技術。到了一八八七年，平岡熙從新橋鐵道局退休，他所成立的球隊因而解散，成員們也轉而加入其他東京地區的球隊，不過由於當時日本棒運已頗具雛型，故新橋俱樂部的解散並未導致棒運受挫，反而讓日本棒球界進入了以學校球隊、學生棒球引領風騷的蓬勃發展時期。

　　約於一八九〇年起，日本棒壇的「一高時代」開始。一高乃指日本第一高等學校，其野球部自一八八六年創設，初期與他校比賽時往往敗多於勝，後來球員們為了積極求進步，幾乎都住進學校宿舍，調整生活起居並加倍練習。果然不出一年，「一高棒球隊」便脫胎換骨，接連以

狂勝之姿擊敗多支實力堅強的大學與社會球隊，震撼了日本球界。往後數年，一高棒球隊宛如球界霸王，沒有其他球隊能夠與之抗衡，凡是有一高球隊出場的比賽，絕對是票房保證，吸引到滿場觀眾。一高球隊不僅創造了球隊自身的霸業，還以強大的話題性與吸引力，使更多原本不看、不懂棒球是什麼的日本民眾，能「認識」棒球運動，且深深為棒球著迷。

棒球染上日本風格，成為日本的在地運動，也是因一高球隊而起的。一八九五年十一月，一高棒球隊的主將中馬庚創出「野球」一詞。在此之前，日本人都將美國傳來的 baseball 直譯為ベースボール，直至該年在撰寫一高球隊隊史的過程中，中馬庚認為日本應有代表 baseball 的專有名詞，於是將 baseball 改譯為漢字「野球」。一八九七年，中馬庚所著，全日本第一本棒球研究專書出版，其書名也定為「野球」，於是野球一詞便取代ベースボール，成為日本人稱呼棒球的方式，而該詞最早出現的一八九五年，也就被後世稱為「野球元年」。

從 baseball 到野球，證明棒運已在日本生根、茁壯，愈來愈受到日本人的重視，值得注意的是，一八九五——「野球元年」，其實也就是日人征服台灣的第一年，隨著日本軍人、官員的進駐，野球也悄悄地進入台灣土地，台灣人，要開始打棒球了！

◆一高棒球隊的主將中馬庚，採「野球」為日本棒球的專有代稱，並為日本民眾所普遍接受，此舉意味著棒球已成為日本的在地運動；此名稱出現的一八九五年也被稱為「野球元年」。圖中中馬庚於一八九七年所著的日本第一本棒球研究專書，書名也稱為——「野球」。

◆日本第一高等學校棒球隊。他們以堅強的實力稱霸日本棒壇，也藉由「一高時代」的來臨，使更多的日本人認識了棒球運動，進而發展日本自己的棒球風格。

棒球登陸台灣

◆圖左為纏足女子做體操，意在鼓勵放足女性投身職場。右邊則為以六十度的角度板約束著立正姿勢的示意圖，整齊劃一的姿勢象徵著被統治者的順從。近代體育在台灣的發展，一開始便以高度的強制性與工具性為其考量。

　　台灣人最初與體育這個觀念接觸的歷史是這樣的：一陣整齊宏亮的號令聲，劃破凝結的空氣，擾亂了廟庭所應有的沈靜。循著人群的吆喝，艋舺居民來到了艋舺地區信仰中心的龍山寺寺前廣場，聚集觀看廣場中正在上「體操科」（體育課）的一群台灣人子弟；看著他們雄赳赳、整齊劃一地操演著立正、行進、肢體體操等動作。這本是殖民教育者精心策畫的一場展示，目的是為展現殖民教育的成效、鼓勵運動的觀念，因此特別將體操科的上課場地，轉移至醒目而容易被觀察的龍山寺寺前廣場。

　　未料，結果卻事與願違，學生家長確實因好奇心驅使而群聚龍山寺，然而對尚待建立現代運動觀念的台灣人而言，學生整齊劃一的動作，不是追求健康的過程、愉悅心理的手段，而是一種軍事訓練的想像。於是台灣人驚恐起來，為防備將來日本政府對台灣人的徵調，開始群起反對體操科、贊成學生罷學。台灣人對於現代運動的「初體驗」就在彼此認知的差異中，產生「牛頭不對馬嘴」的現象。

　　一八九八年之前龍山寺寺前廣場發生的事，可說是台灣人對體育活動認知的縮影。

認知的差異，是因為文化隔閡所造成的。時日一久，普及運動的努力，開始緩緩鬆動台灣人對運動的既有成見。台灣文學之父賴和，在早年進公學校就讀時，仍深信「讀日本書會被捉去當兵」；但由於運動的趣味性，賴和因此「不復畏思，也敢盡興盡心和同學競賽遊戲」。一般民眾也是如此，藉由公學校（約相當於現代的「小學」）一年一度的運動會，台灣人慢慢地開啟了對運動的認識。

◆日治初期台灣公學校多半沒有操場，因此舉行運動會的場地多選在學校附近的空地或廟前的廟埕。運動會的趣味性及獎品，當然吸引了許多好奇的目光與眾人的參與，但難免會被猜測成是日本的徵兵手段，台灣人對於運動會的「初體驗」便在此種矛盾中開展。

因為運動會的項目通常相當有趣且多元，賽跑、拔河、球類遊戲無所不包，誘人的獎品、競爭的趣味性逐漸吸引民眾主動參與運動會，因此步行十餘里參與盛會者大有人在。熱心參與的民眾動輒擠滿會場，幾無立錐之地，甚至連纏足的女性也「起為競走（賽跑）」。

因此，數年之後，艋舺地區民眾對「體操科」的反應已不似往常激烈。一九一〇年（明治四十三年）艋舺公學校的年度運動會中，雖然「微雨自空來」，但還是有「人眾極擠排」的場面。參與運動與運動觀念的建立，逐漸成為台灣人生活中的一部分，並且深植心中。當時一位南台灣人士的一封公開書信中曾說：「未嘗出野外運動之事，實是不可。」正是最好的寫照。

對引進運動觀念的日本人而言，除希望藉由運動達到健康的目的外，培養自由競爭與守規則的觀念，也是運動推廣的初始原意之一。這對營造台灣成為資本主義社會是大有助力的，因為自由競爭有利於生產，而守規則正是守法的投射。

◆競爭與守規則（守法）並重的觀念，是台灣進入資本主義社會的重要精神，而運動會是最能陶冶、發揚此觀念的活動，因此公學校教科書中，便以「運動會」的課文來建立學生「規矩整齊」、「奮勇爭先」的新觀念。

第十五課 運動會

```
掌 先 矩 種 或 學
之 觀 整 種 體 校
聲 者 齊 運 操 開
不 無 奮 動 或 運
絕 數 勇 皆 競 動
  拍 爭 規 技 會
```

正如同台灣人對運動的誤解一般，棒球引進台灣之初，台灣人總認為揮棒的動作不過是發狂的人拿著棒子胡亂狂舞，而追球僅是漫無目的的亂跑，因此看到棒球不是「聞且大笑不已」，便是以異樣的眼光相待。

當時台灣棒球運動的發展，僅只是日本人在異地中的鄉愁寄懷，無論是揮棒的動作、球與手套接觸的聲音，都能激起日本人對故鄉的情感，也是日本人在異鄉的自我追尋，更體現出殖民者對被殖民者的優越感，因此日本人對於台灣人的異樣眼光根本不以為意，還認為不懂棒球的台灣人是無知的。

然而，隨著日本治台基調的更迭，「同化」成為日本既定的統治原則。因此，日本人與台灣人一起從事棒球運動，成為拉近日台距離的象徵。媒體也曾藉由日本發展棒球進而促進社會團結進步的範例，強調棒球運動在台灣推動的必要性。此外，因為棒球被日本人喻為文明的象徵，因此台灣人打棒球，也被視為宣傳殖民統治成效的工具。

到了一九一六年（大正五年）左右，棒球在台灣已成為人人都能如數家珍的運動，「據險」觀看「霸王球」的行為，更早在當時便有最初的雛形。這種墊著椅子「登高」觀看帷幕內棒球比賽的行為，正說明台灣人對棒球態度的轉變。

◆士林公學校操場上的學生們，即使是尋常的投接球練習，也是架勢十足，看不出對棒球的生澀，乃因棒球已然登陸台灣，成為台灣人最喜好的運動之一。

殖民政權的建立與影響，並不僅只反映在政經與社會結構的變遷上，現代運動與棒球運動在台灣的發展歷程，也同樣牽引出一條「認識台灣」的坦道。台灣人對於棒球的陌生與誤會一經澄清，各地的棒球熱迅速燃起，各式各樣的棒球賽從大正年間起密集舉辦，還有日後為人熟知的嘉農進軍甲子園事件，皆為日治時期台灣棒球活動的發展提供了不同的可能性。在眾多的隔閡與誤解之後，棒球終於登陸到台灣了！

建中與成淵的台灣早慶戰

台灣的第一支正式棒球隊，是在一九〇六年三月，由台灣總督府國語學校中學部（亦即今天台北的建國中學）校長田中敬一主導成立的。他組織學生球員，並請來教練展開一連串的訓練，在此之前，雖然有來台職員或軍人從事一些零星棒球活動，但始終並未有正式球隊與球賽出現。台灣第一支正式棒球隊出現在今日以升學率與橄欖球運動聞名的建中老校地上，恐怕是許多人想像不到的。

不久，國語學校師範部（今台北市立教育大學）也跟進成立另一支棒球隊。一九〇六年春天，兩支隊伍於校內進行了台灣歷史上的第一場正式棒球賽。在這場破天荒的球賽中，「師範部棒球隊」原本占有優勢，因為隊中許多球員在還沒來到台灣前就曾在日本當過棒球選手，有一定的基礎與實力。不過最後比賽的結

◆ 一八九六年成立於台北城南門街一帶的台灣總督府國語學校。一九〇二年，國語學校內設師範部、中學部、國語部、實業部，以負責不同性質的教育工作。由校長田中敬一所主導成立的中學部棒球隊，是台灣史上首支正式的棒球隊。

果是雙方戰成平手，以五比五和局作收。此役不僅顯示出國語學校中學部發展棒球的積極與努力，更重要的是，它開啟了台灣棒運的新頁。

球賽是球員提升技術與經驗的最佳機會，比賽過程中的高潮迭起，更是吸引人玩棒球、看棒球，進而參與棒球的主要因素，有了正式的球賽，棒球本身的魅力與相關資訊才得以被快速傳布。因此，雖然中學部和師範部的學生球員們都是日本人，但進行球賽，一方面可以讓原本不了解或接觸不到棒球的人能夠認識棒球甚至進而喜愛棒球，另一方面則可藉此逐漸打開當時台灣民眾對體育運動的視野及接受度。而這也正是這場「台灣第一」棒球賽，具有重大意義的原因所在。

由於國語學校中學部與師範部相繼成立棒球隊，雙方的比賽亦產生

◆日本時代的成淵學校即頗為注重劍道等體育活動的發展，唯棒球運動僅在早期曾由夜校學生組隊參與，雖然之後成淵便較少著力於棒球的推行，但仍具有開創性的歷史意義。

良好的宣傳效果，這也促使了提供日本來台職員於夜間進修的東門學校（一九○六年七月與台灣學習會合併成為成淵學校，即今日之成淵中學），也跟進組織專門的球隊。這支夜校棒球隊，在相關史料中被稱為「中學會隊」，在中學會棒球隊成立後，這三支元老級的球隊於尚無來者的情況下，儼然形成三強鼎立的態勢，儘管嚴格說來，中學會隊不能算是一支學生球隊，因為其隊中成員幾乎都是白天有正職工作的社會人士，只有在晚上、假日時才有時間上課與練球，成隊的時間也較晚，導致初期的中學會隊每每在與國語學校中學部或師範部棒球隊對戰時都落於下風，輸多贏少，尤其是與中學部棒球隊的比賽，更是從未嘗過勝利的滋味。

◆台灣棒球賽的濫觴，始於成淵學校與國語學校學生球隊的對戰，其還意外帶動後來台灣北部會社、官廳的組隊風潮。

不過，戰績不佳，並未讓中學會隊氣餒，反使球員們更加緊練習。在此同時，師範部棒球隊因為師範部是培育師資的單位，基於

台灣各地對師資的迫切需要，導致師範部的學期短、修業時間也較短，相對地使得參加棒球隊的學生流動率高，團隊的技術、默契等無法穩定成長，表現走下坡。但也由於如此，逐漸有了進步的中學會棒球隊得以順勢成為中學部棒球隊的頭號敵手，兩隊展開了一連串你來我往的纏鬥，比賽更產生出類似於日本早稻田與慶應大學對抗的「早慶戰效應」，被當時的體育記者與球界人士形容為「台灣早慶戰」。

所謂早慶戰，其實十分類似現在台灣清華大學與交通大學一年一度的梅竹賽那般，即指能引發某種熱潮的、兩所學校間的定期競技。不過當初日本早慶戰單純僅是指「早稻田大學棒球隊」與「慶應大學棒球隊」在固定時間舉行的棒球對抗賽。

而台灣的早慶戰，一開始固然是因為當時棒球運動尚未普遍，球隊少，能藉由對戰切磋球技的對象也少，自然使兩支實力相近的球隊視彼此為對手。不過還有一個重要原因是「兩個校長的面子之爭」。一九〇六年推動成立台灣第一支正式棒球隊的國語學校校長田中敬一，本身是個相當熱愛棒球的人，田中校長為球隊投注許多心力，使得國語學校中學部棒球隊甫一成軍即有不錯的成績，並培養出多位日後在社會組球隊中大放異彩的王牌球員，如成瀨憲、成瀨章兄弟、赤尾、水町……等等。他們為球隊開闢出一片難以撼動的江山，讓球隊成為三強中的霸主。而國語學校中學部棒球隊的「強」，勾動了中學會棒球隊想要加以超越的「鬥魂」。對與中學部棒球隊比賽屢屢戰敗的情形，東門學校的尾島校長深受刺激，因為他也像田中敬一校長一樣，是個棒球狂，對自己的球隊有極深的期許，他不甘心見到球隊久居於中學部棒球隊之下，更希望假以時日，中學會隊也能夠稱霸棒壇。於是，尾島親自督軍，要大家時時刻刻以「打倒中學部棒球隊」為目標。因此，當他得知一位曾在高中時期，以帶領校隊打敗當時實力最佳的日本第一高等學校而聞名的投手馬淵，由日來台奉職，尾島校長隨即懇請馬淵擔任中學會隊的教練，希望他以魔鬼訓練來

◆「台灣棒球史」及「運動和趣味」雜誌乃日本時代大量記述棒球活動的書籍、刊物，台灣當時就有這類書刊發行，顯示棒球確實極受歡迎且普及於各地。

磨練球員的體力、技術及必勝的決心。

一九〇七年春天，準備多時的中學會隊與中學部棒球隊再度交手，宛若日本早慶戰般的大戰在台灣出現，在這場比賽中，雙方你來我往地纏鬥，最後中學會隊與尾島校長終於實現了夢想，以八比四的比數擊敗了之前未曾贏過的中學部棒球隊。這場得來不易的勝利，讓成淵學校舉校歡騰，卻也使一向稱霸的中學部棒球隊感到難過與屈辱。在有所警惕及雪恥的心情下，校長田中敬一趕緊再從日本聘請第三高等學校的名教練速水和彥來台指導球隊。同年秋天，由於速水嚴格的訓練，又恰好對手中學會隊的馬淵教練和數位球員返鄉的關係，中學部棒球隊的「復仇記」得以順利上演，重新在比賽中大勝中學會隊，田中校長也得以扳回顏面。此後，雖然在一九〇七年，國語學校中學部獨立成為總督府中學校，東門學校也已轉變為成淵學校，但兩校的棒球隊依舊如同日本早稻田與慶應大學一般，定期於春、秋兩季節進行對抗。

不過可惜的是，台灣早慶戰只持續舉行到一九〇八年的秋季比賽後。因為總督府中學校的新校長本莊太一認為「棒球比賽有害處」，於是下令嚴禁中學校棒球隊參加任何大小球賽。中學校棒球隊不能比賽，也等於表示台灣早慶戰必須結束，之後儘管有球員偷偷另組新隊以尋求球賽的樂趣，但風光熱烈的台灣早慶戰終究無法再恢復，學生棒球也因此沉寂了好一陣子。然而，台灣島上最初三支球隊的成立與彼此間的精彩比賽，仍無疑地為後來的台灣棒運發展開啟了一扇大門。

◆日本名教練速水和彥。他於求學期間時便是一名優秀的棒球名將，之後受田中敬一校長之邀，來台擔任國語學校之球隊教練，為台灣帶來新且嚴謹的棒球觀念。

日本早慶戰

在日本棒球史上，緊接在以第一高等中學為棒壇霸主的「一高時代」而來的，是由早稻田大學與慶應大學雙霸的「早慶時代」。

◆一九○四年早稻田與慶應大學棒球隊對戰時，雙方出賽選手的大合照。在當時此比賽被譽為日本棒檀的「早慶時代」，兩隊各自擁有龐大的球迷，每年春、秋的賽事是日本民眾最關心的大事。

早慶戰，就是指這兩支學校棒球隊之間相互的、有固定時間和模式的棒球對戰。

早慶戰源於一九○三年，當時已稱霸日本棒壇十數年的一高棒球隊實力已逐漸衰退，不敗神話屢被打破，一高的不振加上早稻田、慶應大學兩支棒球隊的亮眼表現，使球界人士紛紛將目光集中至早慶兩隊。而兩校野球部為了延續旺盛的人氣，更為了一較高下，於是在一九○三年十一月廿一日進行雙方的首度對決，此場比賽由慶大以十一比九獲勝。但自此兩校約定以後每年春、秋兩季都要固定各舉行一次球賽，日本人遂將兩校的棒球對戰稱之為「早慶戰」。

◆一九○六年，早慶戰決賽因民眾反應過於熱烈而被迫停賽，停賽前早稻田與慶應大學兩支棒球隊攝下這幅紀念照，之後就此中斷二十年，後來雖於一九二五年恢復賽事，但盛況已不如前。

此後幾年間，早慶戰皆依約舉行，早稻田與慶應的對決，形式好比英國劍橋與牛津的划船賽、台灣清華與交大的梅竹賽，各自吸引了壁壘分明、忠心擁戴的龐大球迷。對當時日本民眾而言，去關心、欣賞一年兩次的早慶戰，是最刺激、精彩且具娛樂價值的活動。早慶戰掀起了日本早期的棒球狂潮，帶動了「早慶熱」，但最後也由於雙方的球迷與兩校學生的啦啦隊太過瘋狂，每每於比賽現場劍拔弩張，互相叫罵、示威等容易造成情緒失控的小動作不斷，使得早慶兩校為了避免兩校支持者發生流血衝突，引發校園與社會動盪，毅然決然於一九○六年十一月，強行禁止該季早慶戰的決賽進行。早慶戰也因校方的禁令，就此中斷了二十年，後來兩校雖於一九二五年恢復球賽，但因球界早有新焦點出現，早慶戰遂未能完全恢復往日盛況。

會社、官廳與棒球

　　台灣的第一支正式棒球隊,雖然遲至一九〇六年才出現,但一些零星的棒球活動,卻早在之前就已開始。西元一八九五年,日本進駐台灣,為了統治與殖民政策的推展,各類文武職官員、工商產業與公教職員等陸續奉派抵台。這些於日治初期便到台灣來工作或定居的日本人中,有一部分在日本時已接觸過棒球運動或曾經當過球隊選手,了解棒球的趣味與魅力何在。即使從日本來到台灣,棒球仍是教人難忘,所以只要一有機會,或有志同道合的球友出現,就算各方面配合的條件再差,棒球仍是照打不誤。

　　於是,台灣的棒球運動一開始是經由這些來台日人中的棒球愛好者直接或間接地引入,當作純粹的娛樂活動。人數太少,就只練練投、打、接的動作;若幸運地找到更多的人,就湊成兩隊進行一些小比賽。雖然一切都不那麼正式,卻是棒球最初在台灣出現的面貌。此後,隨著台灣社會、政治的逐漸穩定,由會社(即企業、公司、工廠之意)與官廳職員、軍隊軍人主導的社會人棒球,才蓬勃發展了起來,並逐漸將棒球運動傳播到台灣各地區。

　　北台灣的棒球運動最早是由學生球隊帶動,不過學生棒球的發展一度因為學校當局的反對而短暫受阻,所以一九〇九年時,幾位白天在總督府工作,夜間在成淵學校進修的學校棒球隊成員,為了替棒運另闢出

◆會社與公家單位職員自組球隊,帶動台灣社會人棒球風潮,球隊多,各種名目的比賽也不勝枚舉,此圖為台灣日日新報社主辦的「新年棒球大會」,現場座無虛席,觀眾約有五千人以上。

路,遂以三浦新一為主,號召成立了一個脫離學校色彩的棒球組織——「霜月俱樂部」。不過霜月因為內部成員素質參差不齊,沒有達到預期的效果便銷聲匿跡。不久,

三浦新一與內田又四等人又另外創立「高砂俱樂部」。這個球隊因得到日本一高名將細川健彥的指導，不僅球技大為提升，也因為積極地練習與比賽，凸顯出棒球的吸引力，成功地帶動了棒球風潮，使更多人投身棒運。一九一〇、一一年左右，許多新球隊因此應運而生，如鐵路公司職員組成的「鐵隊」、總督府作業所成員組成的「雷隊」、「法院隊」、「台北廳隊」，其後，還有「財務隊」、「土木隊」、「專賣隊」、「實業隊」……等等由公家機關、銀行、軍隊、工廠、實業公司人員所組的球隊陸續出現，讓北部棒壇呈現一股繁盛景象。

◆台灣北部多位明星球員（均為來台日人）於一九一六年進行友誼賽時的合照。當中包含有財務、土木、鐵道、通信（CB）、三星、專賣、桃園廳等數支球隊的主將在內。

　　中部地區的棒運乃起於一九一四年春季，當時台灣銀行中部分行突發奇想，以銀行男職員是否單身為基準，分為單身隊與已婚隊來舉行球賽，中部第一場棒球賽就如此產生。這場球賽中，球員們沒有護具可用，四個壘包也都是用畫方格的方式代替，但比賽過後，球員們紛紛主動學習棒球規則並加強自己的球技，甚至自掏腰包購買正式的棒球用具。之後，總督府台中廳職員中的一些棒球愛好者，見到銀行隊的新手比他們還早開始在台灣打棒球，按捺不住對棒球的喜好，在有力人士的支持下成立了一支中部第一強的「台中廳隊」。同時間其他單位組織成的隊伍還有「彰化銀行隊」、「台中法院隊」、「郵局隊」，但台中廳隊屢屢在比賽中大勝，故為了平衡實力與帶動棒球風潮，數月後，台中廳又成立另一支球隊「元老隊」。此外，台灣新聞社、台中製糖廠、台中鐵道局也都紛紛組織專屬球隊加入棒球大戰的行列。球隊越多，各種不同名目的比賽也相對增多，中部棒運發展愈顯順利。中部地區的會社與官廳，不限制職員們參與棒球運動，甚至加以支援配合，大大促進了當地棒球的迅速勃興。

　　在南部球界方面，最早的棒球活動出現於一支駐守在台南的砲兵部隊——山砲中隊裡。由於部隊中有幾位軍人熱愛棒球，將打棒球當作平常的娛樂活動，並渴望組隊比賽，於是一九一〇年時便在隊中募集同袍，籌組了「砲兵棒球隊」。大約同時間，台南南鯤鯓地方的郵局也有人號召郵局同事組成了「南鯤棒球隊」。南鯤隊的成立讓砲兵隊找到比

◆會社、官廳等社會人球隊常會畫分成台灣南、北兩區域，再以南部代表隊、北部代表隊之名進行比賽，此圖為「南北對抗棒球大賽」中，臺糖隊（TAITO）與CB隊之紀念照。

賽的對象，兩隊遂在設備不足，場地不佳的情況下，在台南練兵場進行南台灣的首場棒球賽。此役由砲兵隊以五比四獲勝，然而可能因為兩支球隊中都沒有實力較強的球員，也沒有

名教練的指導或雄厚後援的支持，只能靠球員自己摸索與練習，故砲兵隊與南鯤隊的出現和對戰，並未立即在南部地區引起關注，或刺激棒運的流行。一直到一九一三年，才再有嘉義台糖工廠、台南法院、台南廳等單位組織棒球隊，還有一間民營企業成立「青葉會隊」。儘管這些隊伍皆無一鳴驚人的表現，比賽成績也不如成立較久的南鯤隊，但球員們都很堅持與認真，且後來官廳隊伍參與其中，得到較多的後援，總算也讓南部棒運逐漸開展與茁壯，日後更幫助、影響南部學生棒球的興盛。

　　東部的棒球運動則起於一九一七年，台東製糖公司一位從東京調派來的職員坪井保六郎，與公司裡的庶務課長吉野清一，兩人都有著對棒球的熱情，於是一人負責訓練，一人負責管理，著手募集有興趣的同事組織成立「製糖隊」。不久，附近的

◆社會人棒球發展前期，南部球界戰力最佳的霸者是臺糖棒球隊。

駐守軍隊也成立「守備隊」，台東廳成立「台東廳隊」，球隊間得以彼此切磋對戰。到一九二一年時，一位私人拓墾團的負責人田中里時哉，他大力促成民營會社聯合成立了實力頗強的「櫻隊」。約在一九二二年時，花蓮地區也陸續有「花蓮港隊」、「花蓮鐵道隊」、「鹽糖隊」、「商工隊」、「元老隊」等隊伍產生。以花岡山球場為主要活動場地。花東兩地區的棒球隊互相交流，也常在機關單位的支持下到台灣西部進行棒球訪問，以戰會友。可知東部的企業、官廳對經營棒球的用心。

最初來台日人在官廳、會社內組織棒球隊的主要目的，在使職員們有健康的休閒活動，也藉著比賽使員工對服務單位產生向心力與歸屬感。然而社會人棒球，到了日治中後期，發展愈趨蓬勃，尤其是郵局、鐵路局、糖廠……這類在全台各地皆有據點或分部的機構，更是處處設有球隊，簡直有如現在便利商店般林立。一位棒球耆老亦曾提過，當年全台灣各地鐵路局員工所組成的球隊在高峰期竟有百隊以上之多。而且那時，台灣人打棒球早就不是什麼稀奇的事，台灣人反而成為社會人棒球隊的主要組成份子，可見棒球運動不僅受一般大眾歡迎，也深入台灣人的家庭、工作、生活，成了台灣文化的一部分。

社會人棒球在台灣能達到如此熱潮，可歸因於企業、工廠或公家機關的屬性明顯、支援固定、流動率低且干擾與要求不會太多，才使得社會人棒球順利在各地區穩定與長久發展，並進一步帶動區域性甚至全台棒運的成長。會社、官廳棒球的貢獻，絕對是台灣棒球史上不能被忽略的一段。

◆圖中上方是當時棒球賽計分板的形式，下方則可看出約有萬餘民眾踴躍前往棒球場觀看重要賽事的盛況。其時台灣人已成為社會人棒球隊的主要組成份子，顯示棒運在台灣已深受民眾之歡迎。

日本大學棒球隊的台灣之旅

　　繼學校、會社紛紛成立球隊，為台灣各地棒球運動奠基之後，從一九一七年起，日本各式棒球隊紛紛渡海來台比賽，又為台灣棒球運動帶來另一波熱潮。

　　當時來台的隊伍中以大學棒球隊為主，在日本早期棒球發展的過程當中，中學與大學棒球隊扮演重要角色，促進棒球運動在日本的普及，因此他們的台灣之旅，多少對台灣的棒運發展產生正面影響。而其中較具深刻意義的，有早稻田大學、法政大學、慶應大學、明治大學與大阪「每日新聞棒球隊」。

◆ 西元一九一七年年底，日本早稻田大學棒球隊首度來台進行訪問賽，早大棒球隊具備日本大學球隊中屬一屬二的實力，十三名球員來台除了推廣棒球，還包含遊覽觀光的目的。

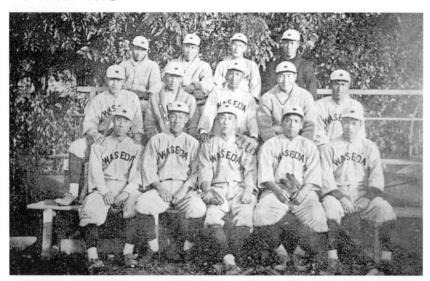

　　第一支來台訪問的日本球隊是「早稻田大學棒球隊」，一行十五人在台灣北部棒球協會的邀請下，於一九一七年十二月廿七日抵台，此行用意在宣傳與推廣棒球運動。廿九日，早大棒球隊與台北代表隊於台北公園（即今之二二八和平公園）展開第一場賽事，對戰的雙方雖然都是日本人，但台北隊的選手是從鐵道隊、財務隊、土木隊、交通隊等日本

在台職員成立的棒球隊中推派組成，與制度、訓練良好的早大棒球軍相比實力較弱，所以台北隊在六場比賽中只贏了最後一場，但是每場均吸引了數千名觀眾到台北公園觀戰。這場比賽的觀眾席規畫，分為棒球協會的特別會員、普通會員及給婦孺的專門坐席，其他坐位才開放給一般民眾，入場費用也有所不同。北部棒球協會邀請早大棒球隊來訪所需負擔的旅費、住宿、設備等經費，則由會員費、觀眾入場費與棒球愛好者的捐款中支付。

◆早大棒球隊渡海來訪，是台灣棒壇大盛事，不僅在球迷間引起話題與看球熱潮，報紙、體育雜誌等媒體，更紛紛以大篇幅報導其台灣行的點點滴滴，儼然形成一股早大棒球旋風。

一九一八年一月十二日，早大棒球隊移師高雄與台灣聯軍進行兩場比賽，有來自台南、嘉義等附近地區的居民特地專程趕來觀看比賽，讓棒球運動在台灣南部也展現出旺盛的人氣。此行之後，早稻田大學棒球隊於一九三〇年底、一九三四年底又曾二度來台，這二次分別是受到棒球協會與台灣日日新報的邀請，巡迴比賽的地點也更多。由於早大棒球隊學生球員們幾乎都是日後日本職棒中的主力，亦曾多次越洋美國，與美國職棒隊進行訪問賽，所以早大棒球隊的三度來台，不但增進台灣一般民眾對棒球的認識與喜好，也提升了台灣球隊的技術與觀念。

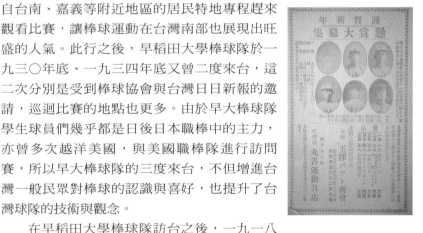

在早稻田大學棒球隊訪台之後，一九一八年十二月，台灣棒球界再邀請日本「法政大學棒球隊」來台，法政大學棒球隊當時是創立僅三年的新興球隊，但在日本已是與早稻田、慶應、明治大學三校並列為四大學生球隊的傑出球隊。法政棒球隊一行十四人抵台後，先在嘉義棒球協會的安排之下，與當時台灣社會組中實力最強的「鹽糖隊」在嘉義公園進行連續三天的三連戰。法政三戰皆捷，這使

◆日本慶應大學是棒球名校，其學校棒球隊曾於西元一九二九年時，接受台灣日日新報社的邀請，來台參加數場巡迴北、中、南各地的訪問比賽。九場比賽中，台灣的球隊雖有八場是以懸殊的比數落敗，但仍藉此次交流吸取了許多寶貴的經驗。

慶應義塾大學野球撰手

監督 宮原　補欠 金澤
RF 西河　2B 青木　C 林田
1B 時任(Capt)　部長 名取式　SS 吉川
LF 高濱
3B 稻葉　CF 神吉　P 櫻井

台灣愛好棒運的觀眾感到驚訝，因此，自十二月廿八日開始，法政棒球隊改對戰由台北各隊精英所組的代表隊。六場比賽，吸引了大批觀眾進入台北新公園球場，台北隊雖只在第四場比賽中以六比四獲勝，其餘五場皆敗，但因為兩隊的實力較接近，因此對戰的氣氛格外熱烈，還有球迷為台北隊搖旗加油，帶動了台北一帶青少年的運動風氣與精神。

慶應大學棒球隊在日本有著與早稻田大學棒球隊同樣的地位，一直是台灣球界渴求與之對戰的目標。一九二九年，慶大棒球隊受台灣日日新報社之邀，一行十九人於十二月廿八日抵台。慶大棒球隊此行分別與「台北CB隊」、「鐵道隊」，「台中隊」（於台中水源地球場），「屏東隊」、「全高雄隊」（於西子灣球場）、「台南俱樂部隊」、「全嘉義隊」等台灣球隊對戰。所進行的九場比賽中，除了與高雄隊和局之外，其他各場比賽慶應大學棒球隊都以極懸殊的比數取得勝利。台灣球隊的最大收穫仍在於觀摩、吸取技術和經驗。

一九三一年，另一名校明治大學的棒球隊，亦是在台灣日日新報社的促成下，於十二月抵達台灣與數支隊伍進行十二場球賽。賽事巡迴北、中、南等地，明大棒球隊在十二場交戰中皆獲勝。一九三六年十二

月明大棒球隊二度來台,此次與各球隊進行十一場比賽,明大仍然再次全勝。其實,台灣此時的棒球運動已頗為成熟,但與明大的對戰成績,讓台灣球隊認知到自身的球技仍然不足。

　　大阪每日新聞棒球隊是由日本大阪每日新聞的一群青年記者所組成,一九二二年二月時受台灣體育協會的邀請來台,與台北學生隊、全台中隊、全高雄隊、鹽糖隊、全台南隊等球隊進行共八場比賽,戰績七勝一負。在一系列巡迴比賽中,大每棒球隊與全高雄隊的三連戰最受民眾歡迎,雙方的第三場決戰更吸引了超過一萬名的觀眾,其餘比賽也都有百餘個團體進場觀看,是以往未曾有過的盛況。在比賽結束後,大每棒球隊主將日下輝也對台灣隊伍在球技、臨場表現等方面提出觀感與修正的建議。一九二四年三月,大每棒球隊二度來台進行十場巡迴比賽,十戰皆勝。此次來台比賽,大每曾與後來大放異彩的台灣「能高棒球隊」對戰,大每贏球後,每位球員就自己的守備位置一一指導能高隊球員守備技巧、動作,這對於能高原住民球員們的球技大有幫助。與前幾隊不同的是,大每棒球隊是由新聞人組成的團體,擅長炒熱球賽氣氛,讓這兩次球隊來台比賽皆受到空前歡迎,成功地帶動台灣人民喜愛棒球的風潮。

◆日本大阪每日新聞是一家極熱心於棒運發展的媒體機構,除了出版許多介紹最新棒球規則、戰術的專門書籍,其報社記者還組成「大阪每日新聞棒球隊」實際參與棒運,並曾於一九二二、一九二四年二度受邀來台訪問比賽。

　　日本內地各式棒球隊渡海來台進行比賽,不但帶來新的棒球資訊、知識,也展現了他們絕佳的技術、精神與深厚的實力。這促進了台灣民眾對棒球的認識與喜愛,更對台灣棒壇造成極大的震撼與刺激,台灣球隊也因此有更進一步學習的機會,為台灣日後的棒球運動注入新動力。

美國職棒隊台灣訪問賽

◆在第二次世界大戰之前，美、日兩國便在棒球運動上有密切的往來，日本的學校棒球隊經常赴美取經，美國亦數次有球隊前往日本進行訪問。圖為一九二一年美國職棒隊來台表演時的留影，但事實上訪日才是他們的主要行程。

台灣的棒球淵源於日本，日本的棒球淵源於美國，乍看之下，日治時期台灣棒運似乎與美國沒有太直接的關連或交流。但事實上，早在西元一九二一年，就已經有一支由美國職棒球員組成的棒球隊，千里迢迢來到台灣訪問，並與台灣球隊進行多場精彩的比賽，這算是台灣與美國職棒的第一類接觸。

西元一九二一年新年剛過，台灣棒球界便充滿了蓄勢待發的期待氣氛，因為在國際棒球協會的促成之下，十多位美國職業棒球選手與工作人員應邀前來台灣，並預定與台灣各社會組棒球隊明星球員（皆為在台日人）所混合成立的聯隊進行數場友誼訪問賽。只要是美國職棒球員要來，無論這人名氣如何，反正都是大事一件，體育界人士忙著安排接待事宜，新聞媒體更是一開始便大肆追蹤、報導相關消息，炒作與宣傳的意味十足。

一九二一年一月八日上午，美國職業棒球訪問團一行人搭乘客輪抵達基隆港，隨後的第一個行程是先到位於台北圓山的台灣神社參觀。參訪神社過後，由於遠道而來的球員們並不太疲累，老天爺也給了一個還不錯的天氣，於是，美國訪問團與台灣聯隊的首場棒球大賽就在當日下午正式舉行。午後一點，主辦單位在比賽預定地，當時台北築地町江瀨街的鐵道部棒球場，燃放了

◆圓山神社在日本殖民台灣時期，具有統治者的信仰中心及觀光名勝的雙重意義，連美國職棒球團來台時，也曾至此參觀。

四發煙火昭告這項訊息。兩點左右，比賽在美國領事的開球下進行，一局下半，美國隊就拿下五分，此後更是局局得分，從第一棒到第九棒皆有安打與打點。反觀台灣聯隊，完全受制於對方投手的快速球，一分未得，只有一個人打出安打，到比賽終了，美國隊強攻了二十六分，以二十六比○的懸殊比數大勝台灣聯隊。

　　隔天的台灣日日新報，以「小孩與大人的相撲」來形容這場球賽，大家都視美國職棒隊的表現為棒球投打示範教學，台灣聯隊的球員乃至觀眾並不在乎勝負，能體驗到、目睹到美國職棒球員精彩球技才是他們所期望的。不過，要實地觀賞到美國訪問團在台的一系列球賽，代價可不便宜，當時的票價分別為一等券十圓、二等券五圓、學生票一圓，這對一般民眾來說，實在是頗奢侈的花費。因此主辦單位想出了一張票可以看兩場球賽的套票方案，甚至加設了一張三圓的三等券，希望以此吸引更多球迷。不過，票價雖貴，但衝著可以現場觀賞到美國職棒球員的技術與丰采，許多人不惜血本也要看球，這都使得台、美首場賽事的票房開出大紅盤，鐵道部棒球場出現了五千多人進場觀戰的滿場盛況。有趣的是，有很多棒球迷沒錢買票入場，又無法抵擋球賽的強大魅力，只好冒著危險，攀上場外柵欄的高處，抓著欄杆一窺場內究竟，真的是拼了命也要看球！

　　一月九日下午，雙方在同一地點進行第二場比賽，此役美國職棒隊以十一比○獲勝。到第三場賽事時，主辦單位為增加可看性，遂改變比賽方式，由美國隊與台灣聯隊各派出兩名選手交換到對方陣營中對戰，此舉果收奇效，雖然最後台灣聯隊是以七比八輸球，但得分總算沒有抱零，打線亦能有所突破。

　　一月十二日，美國訪問團移師台中，進行在中部唯一一場表演賽；十四日，一行人又南下台南，準備與臨時編制成的南部聯隊對戰三場。一月十五日午後，台、美的南部三連戰在台南中學校的操場開打，此役美國隊再展現強攻強守的本領，終場以十九比○勝南部聯軍。到了一月十六日下午，美國職棒隊與台灣南部聯隊一連進行兩回合比賽，最後比數分別為二十四比○及三十比三，均由美國隊贏球。當日的球賽也是美

◆美國職棒隊與台灣聯隊首度交手後，隔日的台灣日日新報以此幅漫畫，比喻美國球員與台灣球員的實力猶如天差地別，台灣很難追趕得上美國棒球的腳步，只能仰望與學習。

國職棒隊此行訪問台灣一系列賽事中的最後兩場，美國隊的訪台行程即將結束。

這三場在台南舉行的比賽，入場券雖也頗貴，但價格已比台北低了一些，一等券七圓、二等券三圓、軍人學生票一圓，另外若有小學校或公學校教師帶領學生團體看球，則一人只需二十錢。結果三場比賽，平均每場約有三千人進場，足見美國職棒球員在台灣南部，一樣有十足的吸引力。

美國職業棒球隊在台灣的七場訪問賽，儘管都是友誼、表演賽的性質，但每一場對戰的懸殊比數，除了讓台灣民眾見識到什麼是強力棒球，更真實顯示出當時台灣球隊與美國職業球隊之間的實力水準，有著一段相當大的差距。而美國職棒球員在比賽中投、打、攻、守的精彩表現及毫不鬆懈的運動精神，等於為台灣選手上了寶貴的訓練課程，不單讓球員們學到最先進的棒球技術與資訊，也學到打棒球時該有的態度。此外，從訪問賽的亮麗票房，也可看出當時台灣已有許多民眾真的懂得欣賞好球賽，並願意花高價購票，雖然當中應多半是在台日人，但仍可證明台灣民眾對娛樂與運動的新觀念已初步建立。

魯斯訪問台灣

美國一代球星，永遠的全壘打王貝比‧魯斯（Babe Ruth）曾經訪問過台灣嗎？答案是非常有可能。因為在一九二一年一月，美國職棒球團來台進行訪問賽的名單中，有一位選手名為ロッズ。由於當時所留下的紀錄，美國球員的名字均經過英翻日直譯，所以這位來台灣的ロッズ，即有可能便是 Ruth。若根據年代來推定，也大致相符，因此雖然始終未經證實，但魯斯來台的說法卻一直被流傳著。當然，我們也寧可相信，這位在其職棒生涯留下二八七三支安打、七百一十四支全壘打、二一七四分得分、三成四二打擊率的棒球英雄，真的有到過台灣，且曾在這片土地上打過球，留下珍貴的足跡。畢竟，有關於貝比‧魯斯的傳說還真夠多，不是嗎？

◆貝比‧魯斯──美國棒球史上最受愛戴、歡迎的職棒全壘打王。

台灣的甲子園資格賽

　　日本的甲子園球場，是日本全國高校棒球聯賽冠軍金盃之所在，也是日本職棒明星的搖籃。而一般所稱的甲子園大會，指的即是日本「全國中等學校棒球大賽」，早在甲子園球場於一九二四年正式落成啟用之前，該比賽從一九一五年開始已舉行了九屆。

　　當時的全日本中等學校棒球大賽，是由各地區先進行預賽，再以優勝隊伍為代表，於東京進行單淘汰制的決賽。一九二○、二一年時，北海道、滿州（今中國東北）、朝鮮（今韓國）都曾陸續派隊參賽，比賽主辦單位大阪朝日新聞的董事下村宏於是在一九二二年時，向台灣體育協會的會長展開遊說，希望台灣也能派出球隊參加。在台灣體育協會野球部長音羽守與各學校討論之後，各方皆決定派出隊伍參加日本的全國大會。為此，一九二三年七月時，台灣進行首度預選賽──「全島中等學校棒球大會」，即後來俗稱的「甲子園資格賽」，此次參賽的有台北一中（今建國中學）、台北工業（今台北科技大學）、台北商業（今台北商業技術學院）與台南一中四支學校球隊。球賽於台北的圓山球場舉行，每場均吸引上萬觀眾進場看球，其中還有許多是遠從中南部與東部專程前來加油、觀戰的球迷。

　　第一屆的全島中等學校棒球大會，由成軍歷史較久的台北一中取得優勝，代表台灣首度進軍第九屆全日本中等學校棒球大賽。日本當地媒體對此事十分關注，也對台灣代表隊充滿好奇，因為台灣是當時最後一個派隊參賽的日本殖民地，日本人認為台灣隊伍的加入，使所謂全國中等學校棒球大賽更加地名副其實，象徵大日本帝國的共榮共和。其中隱含的政治意味濃厚，所以儘管台北一中在大會首戰中便以四比

◆下村宏著民政長官服之照片。日本時代，他曾任安東真美、明石元二郎、田健治郎三任台灣總督的民政長官，後來還擔任日本朝日新聞董事，是促成台灣派隊伍參加全日本中等學校棒球大賽的重要人物。

◆台灣「全島中等學校棒球大會」中，傳統強隊台北一中與台北商業學校，於台北圓山球場爭奪優勝的比賽情形。勝出者即能代表台灣至日本參加「全國中等學校棒球大賽」。

二十三的懸殊比數敗給立命館中學，但還是受到大幅報導與歡迎。

　　此後，全島中等學校棒球大會成了台灣體育界一年一度的盛事，參賽隊伍也隨著棒球運動的普及逐年增加。不過，在比賽開設的前幾年，大會的優勝清一色都由北部球隊台北一中、台北商業、台北工業包辦，且從這幾支隊伍的球員名單來看，可知其組成份子都是來台日人的子弟。此時期台灣中南部的參賽學校屈指可數，實力也普遍不強，造成了一般人有全島中等學校棒球大會「冠軍不過濁水溪」的印象。然而到了一九三一年，來自嘉義的「嘉農棒球隊」打破迷咒，不但奪得冠軍，拿下甲子園台灣參賽代表權，更以漢人、台灣原住民、日本人混合的陣容，在日本第十七屆全國中等學校棒球優勝大會中挺進決賽，拿下亞軍的空前佳績。

　　嘉農這次的表現，除了是日本時代台灣球隊參加甲子園大賽最好的一次成績外，還產生一個重大的作用，即大舉帶動棒球運動在台灣的熱潮，促使台灣北部以外地區的學生棒運大加勃興，讓棒球真正成為台灣人的運動。

　　從全島中等學校棒球大會歷年來的記錄，可以看出，台灣學生棒球一開始的發展重心仍是集中在北部，之後中、南部與東部才漸次興盛。從一九二三年到一九四二年的二十屆賽事中，每一屆都參賽的有台北一中、台北商業、台北工業、台南一中四校，其後曾陸續參加的學校依年代順序有：高雄中學、台中商業、嘉義農林、台中一中、嘉義中學、台中二中、台北二師、台北二中、台南二中、屏東農業、花蓮港中學、新竹中學、私立台北中學、國民中學、高雄商業等十五所學校。這同時印證了日治中後期，棒球運動已傳布台灣各地，甚至深入主要供台灣子弟就讀的學校，打棒球不再是日本學生的專利，亦成為當時學校（主要是男校）體育教育的一個主要項目。

　　曾獲得台灣甲子園資格賽冠軍的球隊，台北一中曾獲得五次，其他如嘉義農林、台北商業、台北工業、嘉義中學，都曾獲得三次至四次的冠軍，但相對的，他們都是創隊較久，或對棒球隊投注較多心力的學校，成績好實在不是偶然。

　　全島中等學校棒球大會最後一次舉辦是一九四二年第二十屆，不久

後就因二次世界大戰日本戰事吃緊之故，日本甲子園大賽暫停舉行，台灣的資格賽自然也跟著結束。台灣中等學校棒球隊參與日本甲子園大賽二十年，藉著資格選拔賽讓台灣學生棒球建立了頗健全的比賽體制，更使當時台灣學生棒運奠基與發展，並培育出許多優秀的球員。這段歷史，或許能為今日台灣棒球「從小紮根，從三級棒球培養成棒人才」的口號，發揮一些具體的啟示作用吧！

日本的甲子園大賽

◆ 第一屆日本「全國中等學校棒球優勝大會」在豐中球場進行「始球式」（開球儀式），圖中穿著和服開球的是朝日新聞社社長，其與在旁穿著西服的裁判長形成有趣對比，當時日本要人仍有穿戴正式和服或西服出席棒球賽的禮節與習慣。

「甲子園大賽」其實是日本「全國中等學校棒球大會」的代稱，此項比賽最初由日本朝日新聞社促成與主辦，比賽進行方式乃各地區先舉行預賽，地區優勝隊伍才得以進入全國決賽，參與所謂的「優勝大會」。

　　一九一五年首屆全日本中等學校棒球優勝大會於豐中球場舉行（當時甲子園球場尚未出現），計有十個地區的代表隊伍參賽，最後由京都府立第二中學校奪冠。爾後，中等學校棒球大會成了每年夏季固定舉辦的大型賽事，參加比賽的地區及隊伍也逐年增加。期間為因應觀眾的倍數成長，決賽地點亦曾數度更動，直到一九二四年，可容納數萬人的甲子園球場完工，從此幾乎每年的比賽都在此舉行。

◆日本「全國中等學校棒球大會」，亦即知名的「甲子園大賽」之優勝錦標旗幟。

　　後來日本另一報社「每日新聞」，在該年春季也首度在甲子園辦了個中等學校選拔賽，連帶使得「夏季甲子園大賽」成為朝日新聞所辦「全國中等學校棒球大會」的代名詞。一九四一年，日本政府因二次大戰戰事吃緊，下令甲子園大賽暫時中止，直至戰後才又恢復。一九四八年時，因日本學制變更，全國中等學校棒球大會改稱為「全國高等學校棒球錦標賽」，但一般人仍以甲子園大賽相稱至今。甲子園等於與日本高校棒球畫上等號，學生棒球的青春、熱血與夢想，盡在甲子園！

石頭、飛鳥、棒球
──台灣首支原住民棒球隊

很多人都知道，台灣傑出的棒球選手，原住民佔大部分，可以說，台灣的棒運是靠原住民撐起半邊天的。但卻很少有人知道，早在一九二五年時，台灣就已有一支純粹由原住民青少年組成的「能高棒球隊」，以其精湛的球技，震懾日本棒壇。

早年台灣原住民主要以打獵或捕魚維生，經常需要拋擲石頭攻擊獵物。用石頭擊落海鳥防止海鳥偷吃剛捕上岸的魚，更常是大人交代小孩子要負責的工作。為了現實生活的需要，在大自然中捕獵野獸、驅逐海鳥，原住民不僅從小練就了一身丟擲石頭的本事，也培養出過人的體力、耐力與爆發力，同時更擁有剽悍的意志，這一切都讓台灣原住民擁有成為優秀棒球員的條件。

不過，縱使擁有這些才能，若一直沒有遇上伯樂也是徒然。這一位能夠慧眼識英雄的伯樂，就是花蓮人林桂興。林桂興並不是原住民，與原住民也沒有特殊淵源，求學時他曾打過花蓮商工的棒球隊，畢業後進入花蓮旭組營造廠工作時，也參加了員工組成的棒球隊，所以他是一個了解棒球技術、知識，且熱愛棒球運動的人。

一九二一年的某一日，林桂興偶然見到一群阿美族青少年正用木棒、石頭等簡單器具進行一丟一打的遊戲，這引起了他極大的興趣。這群少年中的其中一人──查屋馬，能十分快速地將石頭丟出，而他的搭擋──辜茂得能準確地將飛石接住，林桂興對他們的表現感到驚訝不已。身為棒球人的林桂興，一方面覺得這群青少年實在具有打棒球的好資質，另一方面又因為他熱愛棒球，所以希望將真正的棒球運動介紹給少年們，讓他們也能享受打棒球的樂趣。於是林桂興便將這些原住民少年召集起來，成立了台灣第一支全由原住民組成的「高砂棒球隊」（日本人稱台灣原住民為高砂族）。當時隊員計有辜茂得、查屋馬、鄒新、亞拉畢、阿仙、紀薩、羅道厚、羅沙威、杉提揚、武諾、

◆林桂興是發掘阿美族青少年棒球天份與體育才能的伯樂，本身也持續參與社會組棒球運動，為花蓮棒球界的知名人士。

爾西般、亞仙哈利陽、屈迫、杜易爐等人，由林桂興擔任教練。經過一段時間的訓練之後，高砂棒球隊球員們的技術雖未完全成熟，但已能夠在地方性的友誼賽中，擊敗由日本人組成的隊伍。

◆能高棒球隊的贊助者——梅野清太郎，他長期在花蓮發展，是跨足東台灣工商界、政治界、媒體界的一大聞人，能高團也因為他而得以前往日本參加巡迴比賽。

在高砂棒球隊於花蓮逐漸闖出名氣之後，日本人也開始對這支球隊有了濃厚的興趣。一九二三年，當時承辦花蓮港多項重大工程的會社董事長，同時也是東台灣政商界重量級人物的梅野清太郎，和花蓮港廳廳長江口良三郎一同出面，讓高砂棒球隊的全部隊員進入「花蓮港農業補習學校」就讀。目的在繼續發展原住民青少年的棒球技能，使他們受到更完整的棒球訓練，同時亦收安撫、教育原住民與維護地方秩序的作用。高砂棒球隊被重新命名，變成了「能高團」（以南投縣仁愛鄉與花蓮縣秀林鄉交界處的能高山命名），由江口良三郎擔任團長，並請來畢業自日本慶應大學，後來任職於台北鐵道團的矢野擔任教練。一九二四年，能高團北上台北，開始一連串在台灣西部的征戰之旅。雖然球員們比起過去有大幅的進步，但在台北，因為能高團是與當時具一流水準的「台北商業棒球隊」比賽，故連續兩戰都無法取勝。不過，能高團再到新竹、台中、高雄、屏東等地與當地隊伍比賽的成績就好得多，一連串的對戰結果是四勝三負，讓隊員們培養出守紀律、不放棄、尊重與團結的棒球精神。

◆花蓮港廳廳長（相當於花蓮縣長）江口良三郎。他是促成能高棒球隊繼續發展的另一位重要人物，除了熱衷棒球運動，他支持原住民組棒球隊部分是為了達到教化、安定島內政治的目的。

到了一九二五年，能高團的贊助者梅野清太郎決定帶球員們到日本比賽。七月，能高團從基隆港搭乘笠戶丸輪船出發前往日本，預計以一個月的時間進行在日本各地區的友誼賽。七月九日在東京舉行的第一場比賽，由於日本人低估了能高球員的實力，在第一戰時只派出二軍的豐島師範中學，以為這支棒球隊的實力就足以對付來訪的能高。卻沒想到能高在查屋馬主投之下，完全封鎖住對方的打擊，能高的打者並趁此機會猛力得分，只前四局就攻下二十八分。於是打了四局之後，日本裁判便趕緊宣布比賽結束。「能高團」首戰讓日本人大為吃驚，日本棒協便不敢再等閒視之，於是重新調換迎戰能高團的隊伍，第二戰還因此延後

◆能高棒球隊全體合照。其優異的表現在日本掀起一股能高旋風，並受到台灣日日新報的大幅報導。但從日本回台後，球員因各奔前程，而使得球隊被迫解散，結束了這一頁棒球史上的傳奇。

了一天。七月十一日，第二場比賽在立教大學進行，與能高團對戰的改為實力堅強的早稻田實校，此役能高由鄔新主投，一直到第十局的延長賽時還呈現拉鋸戰。但由於球場在日落之後沒有夜間照明設備，故最後不得不以和局作收。此戰由東京地區一等一的球隊應戰，能高還與之戰成平手，能高團成軍之短與球員表現之優秀，都讓日本觀眾驚異讚賞不已。第三戰對神奈川一中，能高團以四比三獲得勝利；第四戰對「京都師範隊」亦以十三比三贏得比賽，優異的表現使日本棒壇掀起了一陣能高旋風。日本棒協遂安排能高團在同年八月份剛剛落成的甲子園球場中進行接下來的兩場賽事。第五戰時，能高團因為失誤過多敗給「八尾中學隊」；第六戰時能高恢復水準，以七比二，在甲子園的大球場中，打敗了「天王寺隊」，也為日本之行畫下令人驚奇的句點。

　　能高團的日本行一共六戰（另有一說為共九戰），得到四勝一負一和的優秀成績，雖然這些比賽都是友誼賽的性質，但毫無疑問的，能高團這次的表現，已深深震懾日本球迷的心，球員的球技與堅毅的精神，完全向世人展現出台灣原住民的長才，引起人們對原住民這項特質的重視，更使「高砂」、「能高」成為永恆的傳奇！

　　而在能高團那次的赴日比賽後，也有許多日本球探到台灣來挖角，邀請球員到日本打球，許多球員如阿仙（稻田昭夫）、紀薩（西村嘉造）、羅沙威（伊藤正雄）、羅道厚（伊藤次郎）……等，也趁此機會赴日，一邊求學，一邊打球，開拓他們人生的另一片新天地。隊員中還有一大部分則是因畢業、升學等原因被爭取到其他球隊發展，也有人就此投入職場，不再繼續打棒球。因為能高棒球隊的過於出色，反而為他們帶來解散的命運，球員們在從日本比賽回台後不久便各奔前程，球隊也沒再招募新球員，能高棒球隊便在寫下這一頁傳奇之後就此結束！

超越殖民的嘉農棒球隊

　　西元一九三一年，是日本時代台灣棒球運動成績最為輝煌的一年，這一年，「嘉義農林棒球隊」代表台灣參加全日本高校棒球聯賽。嘉農從台灣島戰到日本內地，一路過關斬將，打進了總冠軍決賽，突出的表現，使嘉農棒球隊在甲子園留下一頁頁震撼人心的歷史，不僅空前，也是絕後。

　　一九二八年，出身日本早稻田大學棒球隊的名將近藤兵太郎來到台灣，並應嘉農校長之聘，到校重整棒球隊及擔任總教練的工作。近藤帶隊的特色為嚴格、無私，雖然球隊中約有六、七成是台灣學生，其餘才是日本學生，台灣學生中又有原住民（阿美族）與漢人，但近藤不在乎學生的國籍與種族，訓練時一視同仁，並致力於球員間的團結合作。他要求每位球員只要在非上課時間都必須投入練球，每天必做長跑二千公尺、揮棒三百次以上的基本動作；守備要精準迅速，進攻時面對投手的各種球路，則要仔細選球、掌握擊球點並確實執行戰術。近藤教練特別重視球員對他的絕對服從，且要求球員保持高度的作戰意志並照顧自己的身體健康，希望球員在球場上都能展現最佳狀況。

　　在近藤教練斯巴達式的教育之下，嘉農球員們紮實地成長，開始能在地區性的比賽中嶄露頭角。不過在一九二九年和三○年的甲子園台灣資格賽──全島中等學校棒球大賽中，嘉農棒球隊還沒能突破傳統強隊的封鎖。然而有了這兩次大型比賽的經驗累積，使嘉農棒球隊在一九三一年七月第九屆全島中等學校棒球大會時，終於發揮苦練許久的水準，一連擊敗台中一中、台中二中、台南一中、台北商業學校等四支強隊，以全勝的姿態拿下該年台灣進軍甲子園大賽的入場資格，更一舉打破台灣高校棒球冠軍金盃過不了濁水溪的迷咒。嘉農棒球隊贏得台灣第一，已讓嘉義的鄉親父老狂喜不已，只是當時誰也沒想到，後來嘉農球員們到了日本甲子園，竟然演出了更多的驚奇。

　　一九三一年八月，嘉農棒球隊出發前往日本內地，與其他二十一個地區的冠軍隊伍同場競技，爭取日本第十七屆全國中等學校優勝棒球大

會（即甲子園大賽）的最後勝利。嘉農一行人經過五天四夜的航程，於十五日抵達大阪港，才一上岸，根本沒有空檔休息，便隨即趕往甲子園球場與「神奈川商工」進行第一場預賽。嘉農棒球隊以固定陣容作戰，一至九棒分別為：平野保郎（即羅保農，左外野手）、蘇正生（中外野手）、上松耕一（即陳耕元，游擊手）、吳明捷（投手）、東和一（即藍德和，捕手）、真山卯一（即拓弘山，三壘手）、小里初雄（一壘手）、川原信雄（二壘手）、福島又男（右外野手），另外還有五名後補球員分別為：谷井公好、里正一、崎山敏雄、積真哉與劉蒼麟。

◆西元一九三一年，嘉農棒球隊取得台灣代表權，進軍日本參加甲子園大賽，在甲子園數萬觀眾面前，嘉農球員的表現令人激賞，並在擊敗小倉工校後，挺進了冠軍決賽。

日本觀眾對嘉農這批球員給予熱烈的掌聲與歡呼，且開賽之後，神奈川商工完全受到嘉農主投吳明捷的壓制，亦使嘉農球員們有了必勝的信心。蘇正生更在八局上半演出一次盜本壘成功，留下難得的紀錄，在吳明捷的強投之下加上整體戰術配合得宜，終場嘉農以三比〇拔得頭籌，晉級第二輪。

八月十八日，嘉農與北海道代表「札幌商校」進行第二戰，此役仍以吳明捷主投，並展現強攻本領，幾乎棒棒安打，以十九比七大勝札幌商校，順利進入準決賽。而來自台灣的嘉農棒球隊連續兩場取得勝利，使日本各界開始注意與熱烈討論，嘉農頓時成了焦點話題。在台灣設有分公司的日本商社也在大阪設宴，款待嘉農一行人員，鼓勵球員們再接再厲，為「台」爭光。八月十一日的準決賽中，嘉農與實力堅強，被預測為奪冠熱門隊伍的北九州代表「小倉工校」對戰，嘉農依然以吳明捷完投全場，最後以十比二的懸殊比數擊敗小倉工校，挺進冠軍決賽。

　　八月廿一日，嘉農棒球隊在甲子園大賽的冠亞軍決戰中遭遇東海地區代表「中京商業」，嘉農球隊上上下下都很想贏，但也許就是因為「太想贏」壞了事。近藤教練想贏，因此還是決定派之前連續三場完投的王牌投手吳明捷先發，卻沒有考慮到吳明捷的手臂已很疲累，手指亦受了傷。所以在這場關鍵比賽中，吳明捷雖仍有不錯的表現，但控球明顯不穩，使對手在三、四局各得了二分；球員們比教練更想贏，卻反而繃的太緊，進攻時無法突破對方投手的球路，愈打愈急，導致一直沒能得分。求好心切的結果，嘉農無奈地以○比四敗給中京商業，與甲子園冠軍擦身而過。

　　雖然只拿到亞軍，但日本球界、媒體對嘉農棒球隊好評如潮，對嘉農球員們也多方讚賞與肯定，當時要進入甲子園，全日本包括殖民地二十二個地區共約有六百三十支球隊，各地進行資格賽的場次加起來也大

◆一九三一年嘉義農林棒球隊首度獲得台灣「全島中等學校棒球大會」的冠軍，全隊與優勝獎牌、錦旗合照，照片地點為台北圓山棒球場。

概有七百多場,所以最後能夠脫穎而出前進到甲子園的,都是精英隊伍。而一九三一年,嘉農棒球隊不但在台灣十一支隊伍中贏得比賽,更拿到甲子園大賽的亞軍,已是十分困難、珍貴,成為值得全台灣驕傲的成就。

一九三三年,嘉農棒球隊二度前進甲子園,但在第一輪便以十比二敗給四國代表松山中學,不過投手吳波的表現仍讓人印象深刻。一九三五年,嘉農第三次取得台灣代表權,八月十六日嘉農與平安中學進行第一輪預賽,藍德明完投九局,嘉農以四比一晉級,八月十九日,嘉農與松山商校對戰,此役打到第十局,但嘉農最後因一壘手的失誤而丟掉關鍵的一分,以五比四敗給對方。一九三六年,嘉農第四度向甲子園叩關,八月十四日,嘉農以四比三擊敗第一輪的對手小倉工校,但八月十六日對戰育英商校,嘉農就以七比五敗北。

總計嘉農棒球隊四次前進日本內地參加甲子園大賽,雖只有第一次打入決賽獲得亞軍,但其所展露出旺盛的鬥志、堅忍的毅力、飛快的腳程,成了台灣棒球最大的特色,不但揚威甲子園,更帶動了棒球運動在全台的普及與台灣人打棒球的熱潮,將台灣棒球帶入一個新的局面,進而使棒球成為台灣所屬文化與生活的一部分,嘉農歷屆球員對台灣棒運的貢獻,永難被抹滅。

◆ K.N 是「嘉農」KANO 的縮寫,這在學生球員球衣制服上可見的嘉義農林學校稱號,隨著嘉農棒球隊的優秀表現,其名聲從台灣響到日本,人盡皆知。

點將錄（上）
——日本時代的旅日名將

　　台灣旅日的棒球人才中，最為人所知的是全
壘打王王貞治，但卻少人知道，早在王貞治之
前，在那個大多數台灣人尚少有機會參與棒球運
動的日治時期裡，已有好幾位台灣本土一流選
手，因為棒球實在打得太好，被吸收到日本當地
的學校棒球隊，邊讀書、邊打球，有的並加入職
棒，成為日本職棒史上舉足輕重的人物。棒球改
變了他們的人生，也讓他們憑著自己天賦的才能
與後天的努力，在日本棒壇闖出一片天地。

　　能高四小將：西元一九二五年，台灣純粹由
原住民青年組成的能高棒球隊，在一系列的赴日
比賽中一舉揚名。能高球員們的速度快、臂力強，體力與耐力都極為優
異，不僅令日本球迷印象深刻，更引起球探們極大的興趣。所以能高棒
球隊一行人才回到台灣，日本球探就立刻來台挖角，四位球員——阿
仙、紀薩、羅沙威與羅道厚兄弟檔，都在這次的挖角行動中成為日本隊
的球員。能高棒球隊也因為球員的流失，導致解散的命運。這四位能高
小將，都被安排進入日本京都的平安中學就讀，也都另外有了日本名字
為：稻田照夫（阿仙）、西村嘉造（紀薩）、伊藤正雄（羅沙威）、伊藤
次郎（羅道厚）。他們四人在學期間，除了紀薩因為練習時不慎受傷，
又延誤治療，併發肺炎，不得不中途退出球隊之外，其餘三人，都成為
球隊主力，並幫助平安中學連年取得前進甲子園大賽的京都地區資格賽
冠軍。羅道厚更逐漸展現王牌投手的實力，數度以完投甚至完封的姿態
帶領球隊走向勝利。從平安中學畢業後，阿仙、羅道厚、羅沙威三人再
進入棒球名校「法政大學」就讀，仍是棒球隊的主將。不過三人大學畢
業後，都轉往他職，未繼續朝棒球界主動發展。直到一九三六年，日本

◆日本許多大專院
校均設有棒球社團
或棒球校隊，致力
於學生棒運的發
展。除了蒐羅當地
的優秀球員，甚至
前來台灣挖角，間
接給了台灣小將赴
日發展的機會。此
圖為日本學校棒球
隊舉行誓師慶典的
情形。

職棒正式成立，在電氣公司上班的羅道厚已經廿七歲，因昔日身手令人難忘，在「東京參議員隊」（今「太平洋聯盟火腿隊」）成立時，有人便想起了羅道厚，展開延攬行動，才把羅道厚又從一個上班族變回了棒球選手。在他三年的職棒生涯中，或投或打，成績並不特別出色，但請千萬不要忘記，他首開台灣球員赴日發展之先河，他是甲子園名將，他是日本職棒創始球員，他是台灣原住民，他是伊藤次郎，更是羅道厚！

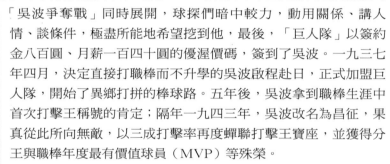

吳波（吳昌征）：高雄出生，台南長大，嘉農棒球隊第二波高峰時期的陣中強力左腕。吳波在進入嘉農就讀之前，原本有一個免費跳級直升到日本早稻田大學就讀與接受專業田徑培訓的機會，但吳波受到鄰居好友，也是後來隊友小里初雄的影響，對棒球產生了好奇與嚮往，於是捨早大而入嘉農，進入棒球隊接受訓練。在嘉農期間，吳波與另一位隊友藍德明（東公文）成為球隊的左右護法，創造出嘉農棒球隊一九三一年後的第二波高峰，而吳波矯健的身手，也讓他成了日本各大球團鎖定的獵物。在吳波從嘉農畢業的前夕，一場從日本本土延伸到台灣嘉義的「吳波爭奪戰」同時展開，球探們暗中較力，動用關係、講人情、談條件，極盡所能地希望挖到他，最後，「巨人隊」以簽約金八百圓、月薪一百四十圓的優渥價碼，簽到了吳波。一九三七年四月，決定直接打職棒而不升學的吳波啟程赴日，正式加盟巨人隊，開始了異鄉打拼的棒球路。五年後，吳波拿到職棒生涯中首次打擊王稱號的肯定；隔年一九四三年，吳波改名為昌征，果真從此所向無敵，以三成打擊率再度蟬聯打擊王寶座，並獲得分王與職棒年度最有價值球員（MVP）等殊榮。

◆吳波——即吳昌征，在日本職棒發展期間，曾獲選打擊王、得點王、年度最有價值球員等難得殊榮，為台灣早期旅日球員中，成績最突出者。

不過就在同一年，日本政府因二次大戰之故，規定棒球場上的術語都需杜絕外語，吳昌征認為這樣的做法是干涉體育，是對棒球運動不夠尊重的行為，因此他心生無奈、反感與退意，遂向巨人球團請辭。一九四四年，他進入大阪一家化學公司任職，不久後，消息被朝日球團的鈴木代表得知，鈴木惜才愛才，多次親訪勸說，甚至說服並非自己球團，但出得起高薪的「阪神隊」出面，吳昌征才終於被感動，願意重出江湖，加入阪神隊，該年更成為球季的盜壘王。

一九四六年，因為戰後的阪神隊缺乏左投手，球團情商吳昌征轉

任，當時已三十歲，長期擔任外野手的吳昌征認為，「既然從外野到本壘可投出好球，為何不能將好球自投手板投到本壘板」，於是他答應球團的請求。更神奇的是，轉任投手的吳昌征，整個球季主投二十七場，竟有十六場完投，譜出十四勝六敗的精彩佳績，且同年六月十六日，在阪神隊對戰東京參議員隊時，吳昌征甚至投出一場無安打、無失分的完封勝利，讓所有人看傻了眼！一九四七年時，他再度回到打擊與守備的崗位，馬上就又成為該球季的得分王。

　　一九五○年，吳昌征再度轉隊，在「每日獵戶星座隊」（即今之「羅德隊」）開始了訓練後輩的工作。其中最特別的是他對荒川博的指導，效力甚至作用到後來荒川博的徒弟王貞治身上，王貞治後來以金雞獨立式打擊法成為日本全壘打王，吳昌征有其影響！一九五七年，吳昌征正式退休轉任教練，他以球員的身分在日本職棒打了整整二十年的球，不僅留下許多輝煌的表現與記錄，同時也是早期台灣赴日發展球員中，時間最久，成績也是最好的一個。值得一提的是，吳昌征對家鄉的熱愛，他曾數度返台為戰後剛復甦的台灣棒球運動作巡迴指導，積極地從事台灣棒運傳承發展的工作，這傳奇般的樸實英雄吳波──吳昌征，實在是台灣棒壇的驕傲！

　　吳新亨（荻原寬）：吳新亨是嘉農棒球隊第三高峰期的主力球員，是個投打皆長的好手。一九四三年自嘉農畢業時，原本計畫先進入早稻田大學就讀，但到達日本後，因為受到學長吳昌征的建議與鼓勵，才毅然決定接受球團邀約，直接投入職棒。吳新亨一開始加入的是「大和隊」，一九四四年隨即轉入巨人隊，該球季吳新亨就打出高達三成二五的打擊率，且以十九次盜壘成功的記錄，與已在阪神隊的吳昌征並列日本職棒盜壘王，頗有新人王之姿。此後，吳新亨以穩定的打擊備受肯定，而他總共在日本

◆吳波十分關心台灣棒運，戰後亦經常返台擔任義務指導，這張照片是吳波（前排中蹲者）與台灣球界人士之合照。

職棒打了八年，到一九五二年球季結束後退出，球員生涯中，出賽六百九十場，有十四支全壘打，五百六十八支安打，一百八十二個打點，平均兩成五五的打擊率，盜壘成功達一百二十五次。吳新亨雖然很早就退出職棒，但他的成就，卻讓人無法忽視！

葉天送（岡村俊昭）：葉天送，能高棒球隊的其中一員，雖然能高赴日比賽時他只是後補球員，但仍培養出對棒球的深厚興趣。加上他有著原住民天賦的體能條件，所以在能高棒球隊解散後，葉天送仍在能高領隊梅野清太郎的幫助之下，主動赴日進入平安中學就讀。在平安中學乃至之後就讀的日本大學求學過程中，葉天送下了許多功夫苦練，也學到了更紮實的棒球技術。這使得他一九三九年於大學畢業時，不再是一個被遺忘的球員，能夠順利地被網羅進入日本職棒中的南海隊。一九四四年，葉天送以高達三成六九的打擊率，從眾多強者中脫穎而出，成為日本職棒該年的打擊王，同時締造出個人棒球生涯的巔峰記錄。葉天送於戰後繼續留在日本職棒打球，直到一九四九年才退休。一九五〇年，他以豐富的經驗與熱誠，轉任南海隊的教練，而葉天送嚴謹、嚴格的帶兵方式，使他素有魔鬼教頭之稱。他的教練生涯持續了十年，從成為能高球隊的一員，到擔任教練退休，可以說他的棒球生涯，十足見證日本棒球發展的幾個關鍵期，更在日本棒球界開創出屬於他的名號與天地。他在棒球路上執著而堅持，努力而不退縮，真正是不簡單的棒球人！

◆日本的學校幾乎都附設有學寮（宿舍），供遠來求學的學生居住，尤其是棒球隊的成員，更能藉集中住宿，提升精神力與團隊默契。此圖為男子學寮的生活風貌。

點將錄（下）——怪傑傳奇

　　台灣棒球發展到二十世紀三〇、四〇年代時進入一個新境界，「打棒球」這項運動，因為大量台灣人的接受及參與，已經從稀有的「舶來品」，演變成滿街仔路都是的「土產」，台灣人藉由棒運而有了自主性與主體意識，棒球儼然成了在地文化。也因為這樣的背景，當時台灣棒壇培育出多位出類拔萃的本島選手，這些早年風靡台灣鄉親父老的偉大球員們，當年他們有多厲害、做了那些大事，可能不廣為現代人所知，但卻深深影響棒球運動在台灣的發展或傳承！

　　吳明捷：嘉義農林棒球隊第一代鎮隊王牌投手，苗栗人，一九二六年於苗栗公學校畢業，之後進入嘉農就讀。在苗栗公學校時期，吳明捷是籃球、游泳隊健將，在嘉農讀書後，才在偶然機會下加入棒球隊，而他的棒球傳奇，要從一九三一年，嘉農爭取甲子園台灣資格賽冠軍開始說起。該年的第一場比賽，嘉農對上台中一中，在此役中擔任先發投手的吳明捷即已大放異彩，以毫無失分的姿態，幫助球隊以十五比〇大勝對手。接下來的三場比賽，他場場主投，讓嘉農一路得以過關斬將，順利獲得該年台灣全島中等學校棒球大賽冠軍，進而挑戰甲子園。由於吳明捷當投手時，球投得又快又準，擔任第四棒時，又常有全壘打的表現，因此台灣球界人士給了他「怪腕」的封號。

◆吳明捷的強投使他在甲子園大賽中一舉成名，並成為當時媒體爭相報導的寵兒。台灣新民報是當時少數台灣人自辦的漢文報紙，圖為於甲子園大賽期間，其對吳明捷的專文報導。

　　嘉農進軍甲子園後，對神奈川商工、札幌商校、小倉工校的連續三場比賽，都讓吳明捷拿下完投勝，第一場更是完封勝，他的快速球與精準的變化球，讓日本觀眾無不看得熱血沸騰。然而接連在緊湊的比賽中長時間投球，終於讓吳明捷的手出了狀況，當年嘉農在甲子園的冠軍決賽中，又累又帶傷的吳明捷已無法控制自己完全不掉分數，所以讓對手在三、四局時各得了兩分。而隊友又無法有效建功，致使終場嘉農以〇比四憾恨落敗，只獲得亞軍。儘管如此，台灣來的嘉農棒球隊仍是當時日本球迷心目中最出色的隊伍，吳明捷更被選為該屆甲子園大賽的

MVP——最有價值球員，除了獲頒朝日賞的殊榮，亦肯定了他一流投手的地位。

一九三二年，吳明捷自嘉農畢業後，被網羅進入早稻田大學就讀，當上早大棒球隊的主力球員。一九三六年，吳明捷於六大學棒球聯盟（早稻田、慶應、明治、法政、立教、東京帝國）的秋季聯賽，以優異的打擊幫助早大棒球隊拿下冠軍。他在十場賽事共三十六打數裡，以三成三三的打擊率成為打擊王，同時，更締造了聯賽中轟出七支全壘打的新紀錄。當時的比賽場地神宮球場遠比現在寬廣，加上比賽用球的彈性不比今日，所以要在那時的神宮球場打出七支全壘打，是非常非常不簡單的。此項紀錄也一直高懸到約二十年後，才被日本棒球先生長嶋茂雄在念立教大學時以八支全壘打重寫，由此可知吳明捷「強」的程度！

不過，吳明捷大學畢業後，卻婉拒職棒球團的邀約，選擇從商，後雖定居日本，但從此淡出球壇，沒有再繼續他的棒球傳奇。

李詩計：李詩計出身書香世家，一九二五年進入嘉義農林學校就讀後，卻因天生對運動有濃厚興趣與天份，於是選擇加入棒球隊接受正規訓練，成為嘉農棒球隊最早期的球員，也從此與棒球結下不解之緣。一九三○年從嘉農畢業後，李詩計前往日本留學，進入當時十分重視棒球發展的橫濱專校讀書兼打球，一九三一年，美國棒球隊赴日進行訪問賽，李詩計被選為全日本代表隊的先發選手，當時他已經是一個受肯定的明星級球員。一九三四年，李詩計畢業回台，一方面在台南州廳上班，另一方面也加入其所屬的棒球隊，開始他社會人棒球的生涯，並多次在都市對抗賽中打出好成績。

戰後，台灣棒運極待重振，此時在新竹糖廠擔任經理的李詩計便兼任起糖廠棒球隊教練的職務。到了一九五一年，李詩計受聘出任台灣第一支經正式選拔所組代表隊的教練，率團前往菲律賓參加比賽，可謂台灣第一個「國家級教練」。之後，李詩計再擔任「合庫棒球隊」第一任總教練，提攜出許多棒球人才。無奈兩年後，病魔奪走了李詩計的生命，但他一生為棒球所做的努力與貢獻，永遠會被記憶與緬懷。

薛永順（瀨井清）：一九三六年，日本職棒名古屋金鯱隊成立，從福建赴日求學的薛永順是年從橫濱專校畢業，剛好有機會加入其中。

薛永順在日本職棒打了五年球，出賽三百一十一場，平均打擊率兩成零五，表現只能算稱職，但他的棒球技術與觀念卻很紮實。因此一九四〇年時，雖然薛永順所屬的金鯱隊因戰績不佳而解散，使得他從日本職業棒壇退休，但不久後他卻能夠從戰後台灣棒壇再出發。一九四五年，「台灣省石炭調整委員會」成立棒球隊，薛永順被網羅成為陣中最主力的球員，並幫助台炭隊成為當時的台灣最強。一九四八年，以台炭隊為主體所組成的台灣省棒球代表隊前往上海參加中華民國第七屆全國運動會，當時台炭隊從選拔到正式出賽，都由薛永順以球員兼總教練，他巧妙的戰術，帶領球隊連戰皆捷，最後順利奪得全國冠軍。擔任球員時的薛永順已展現出擔任教練的長才，幾年後，他接下李詩計留下的擔子，繼任合作金庫棒球隊教練，不僅為合庫棒球奠基，更進而培養出高泉榮等多位傑出球員。薛永順實在是台灣棒球傳承與發展過程中的重要人物。

◆嘉農棒球隊為台灣棒壇蘊育出許多優秀的選手，此張大合照乃是歷屆嘉農棒球成員戰後於南部某賽事上相遇時所拍攝。當時的他們雖已分屬不同的球隊，但仍擁有一份同為嘉農人的深厚情感與光榮，並持續為推廣台灣棒運而不斷努力著。

　　藍德明（東公文）：台灣第一位使用下鉤、低肩側投法的名投手。藍德明是阿美族原住民，約一九三四年至嘉農就讀，之後有機會追隨其兄長藍德和（東和一）的腳步加入嘉農棒球隊。藍德明的資質與體能條件極佳，臂力與控球能力更是優秀，一九三五年的台灣甲子園資格賽（全島中等學校棒球大會）中，藍德明以特殊的投球姿勢，犀利、飄忽的球路，幫助嘉農先在中部選拔賽連連以懸殊比數大勝對手，接著再以七比〇及七比四分別擊敗南區冠軍高雄中學與北區冠軍台北商校，取得台灣優勝，嘉農棒球隊因此有機會第三度向甲子園叩關。

　　嘉農抵達日本首戰，即以四比一打敗「平安中學」，完投九局的藍德明立即成為目光焦點，日本觀眾對他的投球不但驚奇更充滿興趣，藍德明可謂一戰成名。不過，在下一場對日本「松山商校」的賽事，老天對嘉農，也對藍德明開了個大玩笑。此役中，雙方戰至九局仍以四比四僵持，直到十局上半，松山商校進攻，之前嘉農的守備出現數次失誤，這局又因失誤讓對方在兩人出局的情況下得以進占一、三壘。藍德明見

一壘跑者離壘過遠，原想藉牽制製造第三個出局數，但想都想不到的是，當藍德明已做出牽制一壘的動作時，才竟然發現隊友不在壘上，他只得硬生生地將本應丟出去的球留在手中。然而一切還是晚了，裁判做了投手犯規的判決，松山商校免費獲得致勝的一分。更無奈的是，這是十局下半的最後機會，軍心大亂的嘉農已無力反攻，就這樣輸給松山商校，與甲子園冠軍說再見，同時也造成藍德明一輩子最大的遺憾！

幸而他並未因此放棄棒球，畢業之後的藍德明，雖然婉拒了日本職棒球團的邀約，仍選擇接受台東廳農業技術指導的工作，並繼續打社會組棒球。一九四○、一九四一年時，在他的率領下，原先實力不強的台東廳棒球隊獲得台灣地區都市對抗賽的冠軍。戰後，藍德明在台灣省石炭調整委員會服務，也加入「台炭棒球隊」，一直到四十六歲才從球隊退休，卸下球員的身分。晚年則受聘為台北體專（今台北體育學院）棒球隊投手教練，貢獻良多，直到一九九一年去世，藍德明一生心繫棒球、熱愛棒球，為台灣棒球盡心盡力，更不斷提升自己相關技術與知識，這麼一位對棒球認真負責的前輩，實在可愛、可敬、可佩！

蘇正生：蘇正生是嘉農第一代球員，一九一二年十月出生，台南縣東山鄉人，東山公學校及高等科畢業後，一九二七年進入嘉農就讀。在學期間本是網球隊的成員，到三年級時卻因為高壯的體格，極佳的速度與臂力，被眼尖且識才的教練近藤兵太郎挖角至棒球隊，才開始接觸硬式棒球。加入後不久便逐漸有亮眼的表現，成了球隊的不動第二棒，隔年（一九三一年）嘉農前進甲子園，在碩大的球場中，攻擊、守備俱優的蘇正生，能將中外野的接球直接傳回本壘封殺跑者，更能憑著一雙快腿連連盜壘成功，實在是嘉農得以打入甲子園冠軍決賽的大功臣。

嘉農畢業後，蘇正生到橫濱專校唸商科，同樣也參加學校的棒球隊，學成回台後，蘇正生先後擔任嘉義、台中、台南等地方政府的技術專員，並在工作之餘活躍於南部社會組棒球界。還曾經多次領導「台南州隊」力抗群雄，取得台灣區的社會組冠軍，代表台灣前往日本進行都市對抗賽（如同今日的甲組成棒聯賽）總決賽，果然是嘉農出身的一流選手！

戰後，蘇正生繼續貢獻其棒球長才，他當球員、當裁判，更致力推

◆藍德明為出身嘉農的的名投手，戰後他效力於台炭隊，直至四十六歲才至球隊退休，晚年也曾任台北體專棒球隊的投手教練，可說是為棒球付出了畢生的心力。

動基層棒運，培育少棒選手，使南台灣的棒球之火能不斷薪傳下去。晚年的蘇正生雖然早已不過問棒球事務，也表示他沒看過職棒賽，但身體仍然健康強健的他，在每天騎鐵馬遊走四方的數十公里路程中，只要看到路旁學校有學生在打棒球，還是會忍不住下車看看，偶爾興起，也會指導幾句。他心中殷切盼望的，是後代的選手能秉持他們那時代打棒球「苦練」與「奮鬥不懈」的努力精神，他認為這才是真正在打球！蘇正生是台灣棒球發展史的活見證，他這一生，完完全全都活在棒球裡，這樣的老球員，絕對堪稱現在的台灣棒球國寶！

◆蘇正生先生為嘉農第一代球員，一九一二年出生的他，當年以快腿強臂聞名，在為我們示範正確的接傳球守備動作時，依然十分敏捷。他是南台灣棒壇的重要推手，也是台灣棒球發展史的見證人。

　　嘉農諸將：拓弘山（真山卯一）：嘉農第一代球員，曾在「全島中等學校棒球大賽」中創造台灣有棒球比賽以來，第一次盜本壘成功的空前紀錄，畢業後離開棒壇擔任國小老師，並培育出楊傳廣等優秀運動員，晚年則全心在東部山區傳道。

　　陳耕元（上松耕一）：嘉農第一代球員，戰後在台東農校擔任教職，並積極重振台灣棒運，培養棒球人才，台東縣長陳建年為其子。

　　楊吉川（吉川武揚）：為嘉農一九三三至一九三六年間三度參加甲子園大賽之球員。畢業在嘉義任教，戰後仍指導小球員，推廣棒運不遺餘力。兩個兒子子楊英二、楊英明皆承襲衣缽投身棒球，楊英二更為台灣知名棒球裁判。

　　郭光也（濱口光也）：戰後為推動台灣東部基層棒運，竭盡心力，他尤其希望原住民的棒球人才能夠獲得完善培育與照顧，兒子郭子光與郭子雄也都是重要的棒球人。

　　此外嘉農歷代名將中還有：羅保農（平野保郎）、藍德和（東和一）、劉蒼麟、張萬居、楊元雄、陳良臣、郭壯馬（濱口壯馬）、洪太山、劉正雄、林渙洲、柳盛遠（馬越蘭一）、南信彥、林清嵐（和田清）、鄭登臨、廖登燕⋯⋯等，他們的名字絕對應該被記憶，他們的事蹟絕對應該被傳頌，而他們對棒球的無悔付出，更絕對應該被仿傚，他們都是台灣棒球史上的真英雄！

戰時與暫時的沈默

一九四一年，太平洋戰爭的爆發繃緊了台灣的局勢。生活常為出奇不意的空襲而驚恐，時而被徵調「做公工」也令人頗為辛勞，在物質上則開始一系列物資的徵收、管制與配給。街頭上、火車站前，傳來一陣陣的征歌，催促著台灣人走向戰爭。想想，家中多餘的鋁鍋、銅器常被徵收而化身為「神風特攻隊」零式戰鬥機的一部分，戰爭時期生活的緊張艱辛自然不難想像。這個時候，台灣人已與戰爭息息相關了。

戰爭時期政府對體育政策可說不重視也可以說極為重視。在「國民體位向上」的目標中，台灣總督府在原本的身體檢查制度外，又開始推動體力檢查制度，以便藉著對台灣人跑、跳、投等能力的掌握，提升潛在的戰力。健康的重要性，也表現在透過收音機實施的廣播體操，一般而言，廣播體操是為了提升體力，而以街庄為規模，由街坊鄰居一起聽著收音機傳出的節奏而一同作體操，這種為增進體力而推廣的活動，實為戰爭體制下台灣體育活動的一大奇觀。

而對於棒球比賽呢？由於舉行比賽需耗費金錢，且選手與觀眾間往往是「一人吃米粉，眾人喊燙」的關係，因此，與其說棒球增進體力，倒不如說棒球是眾人的娛樂，屬於花花世界的附屬品。如此，棒球比賽便以節省經費為名而告終止，相同情形的還有各種規模不等的運動會。全台首屈一指的圓山球場因此成為陸軍醫院的一部分。一九四三年全島中等學校棒球對抗賽便被稱為「最後的公式戰」。

棒球因為戰時而「暫時」沈默了。但，不甘寂寞的人仍在空地上繼續進行著接傳球，等待著下一個舞台的來臨。

◆由於戰時的社會局勢較為緊張，因此即便是郊遊與踏青，也以強調提升體能為主要目的。在一些政府的文宣品上可常看到「體位向上、堅忍持久」的標語。

◆水上運動原屬休閒、漫遊之一，但在戰時卻更加強調了「鍛鍊」的功能。

◆提升全民健康的廣播體操，原為美國的大都會人壽首創，在台灣則是由政府規畫，經「電台放送」，街坊鄰居一同集合聽音樂做體操。

第二章

向下紮根——

四○到六○年代
台灣的草根棒球

一九四○至六○年代的棒球氛圍

　　一九五○、六○年代（民國四、五十年）的台灣，二次大戰剛結束，仍未脫農業社會的色彩，一切滿足感官的聲光娛樂，在一間昏暗狹小的電影院便足以包含全部；電影上映時的隨片登台，便是尋常小鎮中最足以振奮人心的活動。當然，如果嫌室內活動不夠健康，電影中的刀光劍影、談情說愛有違善良風俗的話，戶外體育活動也是另一個為時人所矚目的焦點。

　　在那個風氣淳良的時代，連國小年度運動會都沒有動員觀眾充場面的必要，參與棒球比賽的熱烈場面更不在話下，據吳祥福、林華韋指

◆早在戰後之初，棒球早已是台灣民眾關心投注的焦點，圖中雖只是一場於簡陋球場所舉行的平凡賽事，但選手們充滿力道的揮擊、奮力的守備及緊張的比賽氣氛，仍吸引了許多的棒球迷們前來駐足圍觀。

出，早期台南地區校際間的對抗賽，學生擔心的往往是不被動員、不能成為觀眾，如此，能夠到場看球自然相當難得，球場氣氛往往相當熱

烈，有如日本甲子園大賽一般，加油歌、鑼鼓聲、嘶喊聲一應俱全。

　　所謂球季的觀念在當時是不存在的，因為除了省運外，其他重要的棒球賽，大多未將比賽時間固定，但這無損於球迷安排看球的時間表。小道消息、報章媒體，仍有助於忠實球迷掌握球場與球賽情報。更重要的是，沒有電視的五〇年代，「看球」的途徑唯有一種，就是親臨現場。

　　做個棒球迷若不克遠行，或想安逸地在家關心棒球，也可於家中在收音機前「聽球」。當時，中廣閩南語網是服務空中聽眾朋友的主要頻道，比賽的播報，大多靠著播報人員夾雜著閩南語與日文棒球術語來「放送」。這些播報員的口才非凡，有如默片時代的辯士一般，尋常球賽也能將之講得高潮迭起。居於山海之

濱的人，因球賽無從在眼前上演，聽棒球轉播就是了解棒球、掌握台灣棒球大勢的重要途徑。也就是說，在這個階段，想知道球賽的狀況，唯有現場看球與在家聽球二途。

　　五、六〇年代興起的棒球風氣，必須依靠大量、頻繁、精彩的比賽，棒球熱才足以萌生於庶民社會。這個年代中，除了省運、協會盃（金像獎）等最重要的比賽外，當時幾個著名的賽事還有六行庫間的銀行公會盃、台中民聲盃、國軍棒球賽、主席盃及稍晚的中華盃。至於其他藉公共活動或市政府名義所舉行的比賽，那更是不勝枚舉。

　　其中，華銀、一銀、彰銀、土銀、台銀、合庫等六行庫的比賽可說是台灣棒球史上的特例。因為當時許多行庫的行址比鄰新公園球場，職員要前往現場加油，距離可說近在咫尺。每當下午比賽時，吶喊及加油聲傳進辦公室，更讓準備結帳下班的行員心不在焉。因此，銀行界掀起棒球熱潮，可說是理所當然的。

◆民國四十六年的第十二屆六行庫軟式棒球賽（硬式棒球為第四屆），由彰化銀行奪得當屆冠軍，留下此幀合影。在此之前的十二年，以新公園球場為中心的棒球賽，營造了全台灣最為密集且狂熱的棒球天地。但民國四十六年卻也是六行庫棒球賽在新公園舉行的最後一年，此後，比賽轉移至台北棒球場，熱力卻從此潰散。

　　六行庫的軟式棒球賽起始於一九四八年，此後毫無間斷地舉行了十二屆，而起始於一九五四年的硬式棒球賽則舉行過六次。銀行間比賽之所以精彩，除了棒球場地與行庫位置接近外，行庫間更有種做生意可以輸、打球不能輸的骨氣。因此，為得到好成績，銀行行庫往往各憑本領的選秀、挖角優秀選手，著名的投手方水泉便是從台南三崁店糖廠被挖角到合庫。如此挖角的結果，使各行庫隊中幾乎都有國手級的選手助陣，例如一銀王麗旭、彰銀的洪太山、華銀的葉清德與官大全，而至今仍屹立不搖的合庫隊就更不用說了。

　　有趣的是，雖然新公園球場外野有著兩棵大樹，干擾球賽的進行，但這個球場從來沒有真正被嫌棄過，觀眾的熱情依然不減。反而是一九五七、五八年台北市棒球場成立後，新公園球場被改建成中國庭園，球賽轉至新棒球場舉行，新公園棒球賽所凝聚的棒球風氣竟因此潰散，六行庫間的比賽便於幾年後中斷不再了。

　　斯文的銀行員喜歡打棒球，雄壯威武的國軍，當然也可藉著棒球表現武勇的精神。因此，為鞏固革命軍人的奮鬥精神，維持反攻大陸的高昂鬥志，國民政府遷到台灣次年，便舉行了第一屆的國軍運動會。

◆戰後台灣民眾熱衷於棒運，在尋常住屋的鄰近空地也常舉行各種大小的比賽，觀眾觀球幾乎零距離，這也反映了戰後初期民眾已將棒球結合於日常儉樸的生活中，雖密切但卻純為娛樂的簡單關係。

　　第一屆的國軍棒球賽參賽隊伍便有四隊之多，也就是三軍加上國防部，此後有時還會有聯勤參與。對照於今日軍方只剩「國訓隊」一支球隊的景況，恐怕真有點今非昔比的感嘆。當時，軍方球隊陣中多為棒球菁英，濫竽充數者少，例如，海軍隊便擁有黃仁惠、劉仲義、陳潤波等以機工雇員進入棒球隊的好手，再者如曾紀恩、宋宦勳、黃海龍，以及日後揚威田徑場的楊傳廣都曾是三軍棒球隊的好手。

　　除此之外，起源於一九五七年的主席盃，則是為慶祝省政府遷移至中部而舉辦，由於參賽隊伍以省屬的省轄市與縣轄市為參賽單位，因此主席盃具有都市對抗的性質。而在一九六五年開始舉行的中華盃則是由

中華日報主辦，由於比賽採取準硬式球，因此參賽隊伍眾多。

　　雖然不能說當時的棒球賽比今天多，但由於當時民眾的娛樂不多，棒球在生活中的分量便因此加重。五、六○年代的台灣棒球世界中，沒有美國大聯盟，也看不到日本職棒，台灣各地的大小比賽、棒球新聞幾乎滲透在民眾生活中的每一天，讓人想不知道棒球也難。以一九五七年為例，主席盃在四月份舉辦；五月則有新鮮的日本女子棒球訪台、華銀舉行的「華銀金像獎」、中等學校、大專棒球賽，以及台中的民聲盃；七月則有六行庫的軟、硬式比賽；九月有國軍棒球賽；十月有省運棒球賽；十一月有金像獎；年終的高潮則是早稻田大學訪台。住在台北的球迷還可以在九月幸運地看到省運選拔賽。

　　總之，五、六○年代的台灣棒球之所以能深入庶民生活之中，比賽的普遍性、琳瑯滿目的棒球賽事是重要的原因。平淡簡單的生活，全憑刺激、緊張的棒球賽賦予轉折；大大小小的棒球賽因此成為民眾日常生活中無法分離的一部分。

◆身穿台中市球衣參加省運、彼時尚年輕的棒球手們，帶著爽朗的笑容，愉快的享用美食。因為棒球，他們保留了五十年前，雖辛苦但卻是一輩子最為快樂與美好的青春記憶。

激情對峙的省運棒球賽

　　相對於今日棒球迷總將目光聚焦於職棒與國家成棒隊的表現，省運棒球賽似乎已成為乏人問津的賽事。然而，從日本時代過渡到五、六○年代戰後初期的階段，省運棒球賽的意義及其所造成的風靡，絕非身處今日的球迷們所能想像的。省運棒球賽改變了日本時代棒球賽從裁判到球員多為日本人的現象，台灣棒球的舞台上首次以台灣人為主角。

　　一九四六年第一屆省運棒球賽於台北舉行，因為許多本省籍棒球選手留在日本或者從軍未歸，許多實力強勁的選手並未與賽，但是這其實並不重要，因為對於台灣人而言，只要有比賽看就可以了，因此媒體謂之「棒球比賽，每天擁有固定觀眾，賽時最久，觀眾情緒並不因此而鬆弛，競賽愈烈，觀眾愈多，每到精彩處，觀眾掌聲雷動。」台灣棒球的熱度在戰火冷卻不久後便急速上升。

◆各縣市為面對競爭激烈的省運棒球賽，通常會先舉行選拔賽，以堅強的陣容問鼎省運。圖中的「優勝紀念」，是高雄市營造隊慶祝取得高雄市代表權而拍攝，這一年高雄市的陣容中，有多位選手日後當選了國手，但卻在省運中敗給由蔡炳昌、曾紀恩所領軍的台中市隊。

　　有趣的是,第一屆省運棒球賽的冠軍並非傳統強隊嘉義、高雄或台北、台南,竟然是由「澎湖隊」擊敗以嘉農為主體的嘉義隊奪得冠軍。事實上,澎湖隊的主體是「高雄前鋒隊」,他們在高雄預賽中大意敗北未取得代表權,因此以澎湖人為主體組成的前鋒隊遂找上澎湖縣政府,希望能代表澎湖縣與賽,在高雄的澎湖人就這樣取得參賽資格。這支擁有蕭長滾、洪太山等國手級選手的球隊,在賽事中一路過關斬將奪得冠軍。原本第二屆省運澎湖隊也打算如法炮製,但因違反選手需在籍的原則引起對手抗議,造成軒然大波,最後澎湖隊被取消比賽資格。

　　參與省運的隊伍與球員,皆為台灣各地棒球菁英,如台北市的省運代表權就是由各隊相互廝殺後選出來的。其他地方也多由各地成棒勁旅支援,例如新竹曾由「石油隊」支援。而高雄市實力之所以強盛,則因為其代表隊是由市內菁英合組而成,例如一九四八年高雄市代表隊便是由港務、台電、前鋒三隊優秀選手組成。

　　省運棒球賽的熱鬧,還夾雜著地域對峙的成份,這更是觀眾期待的戲碼,北高的對峙早從四○年代末期的省運中就可以看得出來。第七、八、九屆省運棒球賽連續三年冠軍賽皆由台北市對上高雄市,第七、八屆由高雄獲勝,第九屆北市則在延長賽十二局中以三比二奪得冠軍,北市在此次比賽中報了兩箭之仇。比賽期間由於雙方僵持不下,現場氣氛極度沸騰,甚至使得高市一壘跑壘指導員因「神經過度緊張,竟至暈倒」。十一屆起北市則連續四屆擊敗高雄縣市得到冠軍,地域對峙的精彩與刺激由此而知。

　　比賽之所以刺激還有一個重要因素,當時幾乎全省重要的棒球菁英皆會在棒球賽亮相,其中包括曾紀恩、陳潤波、宋宦勤、洪太山、官大全、葉清德、高泉榮、李憲宗等人。這當中屬於傳統強隊或是選手間的競爭,便成了全場乃至全省注目的焦點,其中南北名投方水泉與黃仁惠在第八到第十屆連續三屆省運會的對決,更是最吸引棒球迷的戲碼。

　　一九四七年的省運,因為棒球場場地設備較佳,所以棒球場參觀人數最多,從媒體報導「圓的看台上擠滿了觀眾,歡呼與哭泣聲鬧得半天響」便可略知。一九四八年省運也是「球迷無立錐之地,圍坐球場周圍」。最誇張的是,一九五二年省運首次在屏東舉行,球賽場地在屏東

糖廠，開賽當天，座位馬上被擠爆，觀眾「不得已高據楊柳樹樹梢，或糖廠的屋頂上，這個秋季中仍然很熱的城市，球迷們忘記了滿頭大汗，衣衫盡濕的難受，不斷為場內諸將鼓掌、打氣、助陣。」當時省運棒球賽所受的注目程度，幾乎可與全省成棒棒球錦標賽相媲美。

不過，在觀眾熱烈的回應外，整個球界還有一現象值得深思。戰後初期的省運棒球賽除精彩拉鋸外，對於裁判判決不滿所引起的爭議，也時有耳聞。一九四七年省運曾發生台中市抗議新竹市隊長李詩計兼任棒球裁判一事，結果使得棒球錦標被暫時保留。媒體指稱這是「不吉利的日子」，最後經大會向台中市解釋後，中市「顧全大局」而放棄抗議。一九四八年的省運棒球賽，媒體也曾記載當年的糾紛特別多，不僅嘉義市與高雄市比賽時，嘉義曾因不滿判決而棄權，台東與台中市也曾因判決結果不歡而散，甚至出動裁判委員會調解。最具代表性的例子是一九四九年省運棒球的冠軍賽，這場比賽是由台中市對台南市，但比賽過程中台中市與台南市竟接連兩次對裁判蘇正生提出抗議，身為第一代嘉農代表性人物的裁判蘇正生憤而離場，最後由張朝貴代替。

省運棒球賽可說是台灣棒壇第一次當家作主的大規模比賽之一，然而在當家作主的第一個五年間，卻屢屢出現判決爭議，對於本省籍裁判的質疑，正象徵著台灣從日本人裁判的權威中解放後，一度難以適從。棒球判決本具有一定程度的彈性，比賽能夠繼續進行端賴對裁判的服從與信任，爭議的產生正是對裁判不信任的表現。台灣裁判建立裁判權的過程，正代表著台灣棒壇獨立自主的過程。

當家作主的路上，儘管有些波折，但是卻也同時證明台灣民眾對棒球的熱度卻不曾改變。四、五十年前的省運棒球賽，純本土的棒球選手、地區性強隊與棒球明星的對決，觀眾熱情的呼喊，十足說明了戰後初期台灣棒球早已深植本土！

揚威上海──全國運動會中的台灣棒球隊

一九四八年第七屆中華民國全國運動會於上海舉行，剛投入「祖國懷抱」的台灣當然也不能缺席。對於這個全國運動會的新成員，上海觀眾對台灣代表隊的評價相當高，不僅是因為台灣代表隊的紀律被公認，台灣選手的優異表現，使得看台上屢屢傳來「又是台灣、又是台灣」的驚呼聲，也是重要原因。由於台灣代表隊成績優異，因此省體育會還特別從台灣運送香蕉十五簍、鳳梨五箱、西瓜四箱到上海慰問選手。

在這次運動會中，台灣不僅得到男子田徑總錦標，對於棒球這項台灣的「省球」而言，奪得冠軍也是意料中事。此次全國運動會的棒球比賽僅台灣、空軍、上海等隊參與，比賽地點為上海跑馬場的美軍球場，代表隊成員多為台炭的主將，其中包括張迺祥、陳祥瑞、張朝貴、薛永順，部分成員則來自上海市震東棒球會台灣分會的成員。有趣的是，比賽對手空軍隊的成員，也多為台灣的空軍戰士，其中最著名者便是現在大家所熟悉的曾紀恩教練。而且，就連壘球賽，台灣隊與警察隊中的球員也多為台灣人。

決賽結果原本預料上海「失分必多」，後來因為「投球好手俞長鑾負傷登場下，以旋轉式投擲，致使台省選手無法出擊」，而使台灣僅以三比一獲勝。壘球賽的結果，最終也以四比二擊敗上海。總之，比數雖未如預期懸殊，但台灣總是留下了棒壘球的雙料冠軍記錄。

如此優異的成績，自然激起省籍人士的熱情，當代表隊返回台灣於基隆第二碼頭登岸前，岸上早已滿布歡迎人潮，獻花獻旗，燃放鞭炮。代表隊甚至還整隊步行至基隆火車站接受歡迎，回到台北後也繞行市區接受眾人的祝賀。

◆教育部長朱家驊於第七屆全國運動會閉幕致詞中特別表示：「台灣選手表現之成績及守紀律精神，令人極深佩服。」台灣選手除了棒球項目奪冠外，更囊獲了所有一百、兩百與四百公尺短跑與接力賽的冠軍，無怪乎報紙會大力報導，以此來歡迎凱旋歸來的選手們。

國手誕生
——台灣聯隊與中華隊

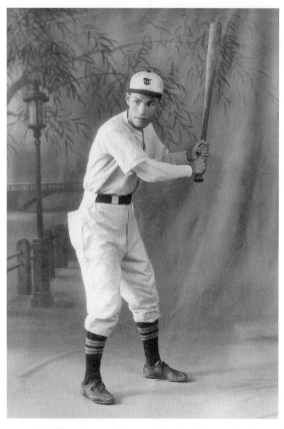

◆在當選遠征菲律賓的台灣聯隊後，洪太山留下了這張「光宗耀祖」棒球沙龍照。速度快、臂力強、打擊猛的洪太山，是早期台灣聯隊與中華隊不動的第四棒與中外野手，當台灣球員常對菲律賓、日本等隊投手的球一籌莫展時，洪太山卻能輕易地擊出安打。此等身手，身旁自然就常有支持的熱情球迷，架勢一點也不輸當下的職棒明星。

一九五四年，是中華民國國家代表隊誕生的第一年。所謂中華隊，指的就是代表中華民國在國際上比賽的棒球隊。在那個還不太開放的年代，只要是國際性比賽，不管大小都是頭等大事，不但球迷關注比賽的訊息，國手名銜更是球員們心中的桂冠。昔日台南棒球勁旅「大涼汽水隊」的隊員郭清來，即使現在已是七十好幾了，但仍將不能入選具有國家代表隊性質的「歐魯台灣」（all Taiwan），視為打球生涯最大的遺憾。

正式國家代表隊的誕生，有一段漫長的過程。戰後初期，台灣棒球與外國球隊的交流，除利用美軍來台的機會外，台灣球隊離開台灣，赴外遠征的機會僅有一九四八年到上海參加全國運動會的經驗。當時的台灣省代表隊以台炭隊為主體，隊員固然皆為一時之選，但由於台灣棒球

菁英也同時分散在空軍與壘球隊中，且
當時台灣是中華民國的一省，地位相當
清楚，因此要將當時的台灣省代表隊視
為國家代表隊並不適當。

　　第一次經由棒球協會的棒球選訓委
員選拔台灣棒球好手所組成的棒球隊，
是在一九四九年國民政府遷台後，為配
合一九五一年赴菲律賓比賽而組成的台
灣聯隊。此後，台灣聯隊又一次在一九
五三年三月為因應菲律賓體育委員會的

邀約組成。而後日本大學如早稻田、明治等球隊來台訪問時，也多半以
台灣聯隊應戰之，因為當時台灣球迷大多認為台灣聯隊是擊敗日本的唯
一希望，即便常常事與願違。台灣聯隊在實質上具有國家隊的實力，但
一直未真正使用國家代表隊之名，因為只要不是正式國際賽，對手不是
國家代表隊，當然派出「台灣隊」應戰也就可以了。

　　台灣聯隊正名為「中華民國代表隊」，乃是由於一九五四年第一屆
亞洲盃的舉辦，因為當時對手都是以日本、韓國、菲律賓為名的國家
隊，政府也只有將台灣聯隊正名為國家隊。中華民國國家代表隊就是在
這麼個合理的情境下所產生。

　　不論是台灣聯隊或者中華民國代表隊，都代表著台灣棒球史上的多

◆遠征菲律賓的比賽出征前，「台灣第一隊」在台中旅社前留下了這幀具有紀念性的合影。當時菲律賓因為美軍駐紮的關係，棒球風氣頗為盛行、實力頗強，因此台灣代表隊也只能取得三勝四敗一和的成績。

重意義。首先，原本台灣棒壇對於球員評
價多靠口耳相傳，沒有一套共同評判標
準，有時就是靠著出身的高低來決定，像
只要是嘉農出身，大家一定另眼相看。加
上當時資訊流通不發達，一個選手，還真
需要一個口沫橫飛的好事者加以宣傳，甚
至誇大，才能成為一個「好」選手。而真
正的好球員，由於沒有經過正式評定，便
顯得有些非正式。台灣聯隊與中華民國代
表隊則是透過一套選拔機制、透過一套統

◆前往菲律賓的台灣聯隊不僅是為了去打棒球，也帶著為鞏固台灣與菲律賓在反共陣線上的同盟關係而去。圖為台灣聯隊參訪了菲律賓開國功勳黎剎（Jose Rizal）的紀念碑後，留下了這張合影。

一標準所選出，這不僅讓對個人球技的認定產生了客觀標準，優秀選手也得以藉著「國手」之名而被正名。

◆韓國是戰後台灣棒球史上第二個前往訪問的國家，共舉行了八場訪問賽，戰績為四勝三敗一和。事實上，菲律賓與南韓會是台灣首波對外訪問的兩個國家，與三國總統蔣介石、季里諾、李承晚同持反共的態度，有著重要的關係。

因此，國家隊出現後，媒體便將球隊陣容中「征菲」、「亞洲盃」選手的多寡，列為評價球隊與球員強盛與否的重要依據，觀戰的焦點也從此有了一個新標準。如同一九六三年省運會北市與中市的冠軍爭奪戰中，以合庫為主體的北市隊被媒體形容為「實力雄厚、名將如雲」，而其標準正因為「主戰投手陳輝雄、捕手張東龍、內野手陳一成、……，代表我國參加韓國亞洲棒賽載譽歸國」，而中市之所以勢均力敵也因「投手黃清松、何景山、陳良治，係本年度國手」。對於台灣棒球而言，國手的出現自然也賦予了棒球一套新的價值觀，產生了一群新英雄。

八○年代之前，出國是當選國手最大的附加價值。他們能夠擁有的出國機會，也是一般民眾所遙不可及而令人稱羨的。因此，國手名銜也為選手身價增

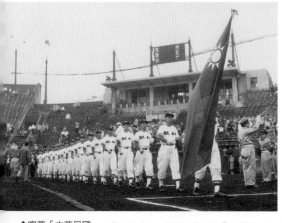

◆穿著「中華民國」字樣的球衣、掌著國旗，雄赳赳、氣昂昂地走在第三屆亞洲盃的開幕式，當時國家隊的成績雖不若現今，但卻威風十足。

色不少，能夠穿著「台灣」、「中華民國」斗大兩個字的球衣，那種心中的喜悅與驕傲，是棒球選手畢生追逐的夢想。

總之，國手的出現與國家代表隊的成立，提供了球迷一種觀照棒球的主要認同標準，即使及至今日，這個標準依舊是台灣棒球發展中不動的準則。

國手的自力救濟

　　一九五〇年代的棒球國手還有一項頗為有趣的副業，就是帶舶來品回台銷售，說起這段歷史，實在是看來風光的棒球國手，背後不為人知的辛酸。棒球國手雖然名聲顯赫，但因政府對棒球運動的支持有限，棒球協會本身的經費就已不足，讓國手能安心投入國家隊集訓與比賽的「安家費」就更不用說了，於是國手們遂發展出自己的生財之道。

　　當年台灣社會中尋常民眾的出國機會，並不比中樂透高多少，偏偏在高關稅的限制下，稀有的舶來品，便成為台灣店家櫥窗中高不可攀的奢侈品。因此，當國手有機會到菲律賓、日本比賽時，除了打球

◆民國四十二年台灣聯隊第二次訪問菲律賓，離開前夕全員在飛機前合影，後方那架飛機，據聞便是裝載著台灣隊員們採購物品的「貨機」。

外，最重要的任務便是採購。這其中有些是親戚朋友委託的物品，有些則是為自己添購的行頭，更多的則是轉賣到委託行中，成為炙手可熱的舶來品。

　　國手們所帶回來的商品中，最為搶手的是鑲著蕾絲的女性內衣及尼龍材質的襯衫，兩種商品市況最佳，因此採購的數量常是數十件甚至上百件。不過有趣的是，這些國手們因為不知道購買物品有免稅額度的限制，瘋狂採購的結果，不僅使每個人的行李都超重，部分裝不下的貨物，甚至還由另一架飛機運回，結果回國後，超重的貨物被課以重稅，反而讓想貼補家用的國手賠上更多金錢。

「棒球之父」謝國城

◆完成大學學業後的謝國城，留在日本擔任記者的工作，耳濡目染的結果，便不由自主的深陷於棒球的魅力中。因此，即便他本人不是棒球選手，但投起球來仍是架勢十足。

在整個台灣棒運發展的過程中，有一位最重要的推手——他從五○年代起，就接掌當時財產總值不足百元的棒球協會，不畏艱苦地挑起重擔，還將台灣棒球推廣得有聲有色，這個人就是謝國城。

幾乎可以這麼說，如果不是謝國城的堅持與毅力，戰後初期及至七○年代末期，台灣棒球運動的興起幾乎是件不可能的事。七○年代時在世界少棒冠軍賽中現身的台灣球員與教練，幾乎年年都是生面孔，但謝國城卻是永遠的領隊，中華隊每年的場場硬戰他不僅無役不與，並且負責幕前幕後的大小事務，這個費盡半生心力的棒球推手，在一九八○年十二月病逝前，心中掛念的仍是棒球。

年輕時的謝國城是個留學日本，在棒球名校早稻田大學完成學業的知識份子，戰後返台，他曾積極參與辦學和普及知識方面的工作，因此與朱昭陽、賴永祥等人一同籌設延平學院。然而在二二八事件後，延平學院被迫解散，謝國城一度遭捕三天，謝國城被吉普車帶走的那個夜晚，兒子謝南強緊握著車門而後鬆脫的剎那，謝國城關心政治與興學的夢想也就因此而中輟了。

此後，謝國城轉而積極致力於棒球事務的推廣，他先是在謝東閔先生出任「台灣省棒球委員會」主委時，擔任委員會的常務委員，委員會於一九五七年改名為「全國棒球委員會」前不久，他則出任總幹事一職。這個實際負責「操持家務」的總幹事在接手棒球委員會時，才赫然發現棒球委員會的資產不足百元。

但這寥寥可數的資產卻未限制謝國城對於棒球願景的擘畫。早在一九五三年時，他就透過校友的關係邀請將近二十年未訪問台灣的日本早稻田大學來台進行友誼賽。雖然台灣方面的成績不如人意，但由早稻田棒球隊訪問所掀起的全台棒球旋風，以及在國際交流上的實質功能，造就了台灣棒球在技術與傳播上的兩層意義；更重要的是，邀請日本一流球隊訪台，更為棒球協會賺進足令其運作的經費。

一九五四年謝國城代表台灣參與亞洲棒球聯盟的籌組事宜，並於同年舉行第一屆亞洲盃。雖然在此次比賽中台灣在與賽的四隊中敬陪末座，但在謝國城的努力下，獲得了第二屆亞洲盃的主辦權。後來雖因台灣沒有適合的場地而作罷，但謝國城仍然一面努力交涉設立台北棒球場，同時也繼續不顧經費限制地爭取

◆民國四十四年中華隊訪問南韓時，謝國城（前排中間）以領隊的身分帶隊出國。日後謝國城相當習慣於扮演領隊的角色，但此次出訪韓國，卻是謝國城的第一次，因此深具紀念性。

亞洲盃在台舉行。在他的努力下，台灣最終爭取到一九六二年的第四屆、一九六九年第八屆亞洲盃棒球賽的主辦權。

經費是對謝國城夢想的最大限制。在沒有巨蛋、打球看天吃飯的時代中，只要天氣一開始陰沉，謝國城便陷入憂慮之中，深怕下雨導致票

◆棒球人就是棒球人，謝國城競選立法委員的宣傳車都以棒球為標誌，與謝國城頗有私誼的世界全壘打王王貞治則為其助陣。

房不佳，不但一切心血白費，甚至可能血本無歸，為吃緊的財政雪上加霜。為財政製造窘境的不只是票房問題，外界對棒球運動的不了解和不關心也是一大阻力。當時，甚至連從日本運來的獎盃也被當成有價商品，以未申報繳稅為由而遭扣押。日本巨人隊也曾想將春訓器材捐給棒球協會，但竟遭相關單位要求課徵關稅。對這些現象謝國城只能「打落牙齒和血吞」地苦苦硬撐。謝國城對這段奉獻棒球的日子曾說過，「這種事情只有傻瓜會做」。

日後掀起台灣棒球狂潮的紅葉少棒，以及問鼎世界冠軍金龍少棒，也可見謝國城在背後奉獻的心力。一九六九年台灣取得遠東區少棒代表權，準備前往美國比賽。行前規畫時才發現，到美國比賽的旅費，不像往常參加東亞地區的比賽一般，頂多幾十萬經費就足夠。根據賽前估計，到美國比賽的花費要高達一百二十萬元，原來橫渡太平洋是如此的困難。這一百二十萬的花費，除了教育部補助五十萬之外，全靠謝國城四處張羅，鼓勵企業、機關捐錢，才湊足所需旅費。曾多次代表國家成棒隊出國比賽的陳勝次與杜勝三，還清楚記得謝國城總會在集訓時前來鼓舞選手，勉勵選手只要一心練球，不要為錢擔心。而他身上卻總是拿著一張張寫著一千、兩千元的收據簿，自喻為「大本乞食」，這樣辛苦地張羅國家隊出國比賽的經費。

不僅如此，謝國城更年年擔任領隊帶領代表隊赴美參賽，比賽期間不僅肩負了國人的期待，還要與主辦單位周旋，致力爭取我方權益，壓力可想而知。但謝國城絕對不讓這些重擔落在小球

◆謝國城在威廉波特世界少棒冠軍賽場地的留影，台灣進軍世界少棒賽的最初幾年，從張羅經費到出國帶隊，幾乎完全由謝國城一手包辦。

員身上，勝負的責任一概由「大人」謝國城與教練一肩扛起。同時，為全心全意照顧並滿足小球員的期待，無論輸贏一定會讓孩子們到迪士尼樂園遊玩。謝國城的兒子謝南強就曾在南加大寫博士論文的那年夏天，接到父親的信函，交辦安排球員到迪士尼樂園遊玩的事宜。在比賽現場時，謝國城是渾然忘我地注視著場中的一舉一動，但在場外，謝國城則像個二十四小時的保姆，無微不至地照顧球員的生活起居。

◆坐在觀眾席上、揮舞著國旗的謝國城（第二排中間），不僅一心期望球隊贏球，更要贏得巧妙而不損及台灣與他國的友誼，領隊的工作便是如此難為。事實上，終生為棒球付出的謝國城，世界少棒冠軍的成就可說是收割甜美果實的時候，但已然年邁的身軀、喧嘩中的孤影，則顯見其為台灣棒球付出的背後滄桑。

有趣的是，當年台灣少棒大多沒有能不能得冠軍的問題，而是能贏幾分的問題，也就是說少棒隊雖要贏，但要贏得巧，不能因比數過於懸殊，而傷害台灣與其他國家的外交情感。當然，又不能叫小朋友世故地點到為止、故意放水。教練雖了解利害關係，但誰也不能保證球員能夠適度地得分。往往坐在球員休息區後方的領隊謝國城，看著球員一直跑回本壘，差距又已達十幾分時，內心一定相當著急，多次與謝國城出國比賽的教練蕭長滾因此記得謝國城著急對他大喊的神情：「蕭ㄟ！蕭ㄟ！不要再得分了！不要再得分了！」肩負國人期待與外交任務的謝國城，便是身處在此兩難之中，矛盾不已。

謝國城對少棒的執著與熱誠，因此而博得台灣「少棒之父」的名銜，直至今日，謝國城雖已離開人世二十餘年，但一年一度以「謝國城」為名的棒球比賽仍延續著「少棒之父」的遺志，繼續扮演著台灣少棒運動的推手。

在報導七○年代台灣少棒發展的《中華少年棒球隊奮鬥史》中，謝國城曾題著幾個斗大的字：「發揚棒運」。這四個字是台灣棒球輝煌歷史的寫照，同時也是對他一生最適切的形容。「少棒之父」謝國城，應該也是戰後台灣的「棒球之父」。

本省棒球 vs. 外省籃球

就像歐洲人瘋足球，美國人愛棒球一般，不同運動間也存在著由族群、文化與國境所界定出的界域。一九四八年台灣首度參加在上海舉行的全國運動會，但當時上海民眾並不了解台灣人所熱愛的棒球，欣賞棒、壘球比賽的觀眾人數常是屈指可數。如台灣對廣東的壘球賽，就有報載「門票共計出售一百多張，為壘球比賽以來最大收入」的局面。相反地，籃球、足球賽則總是呈現人滿為患的情形，看門道者多。這樣的情形在台灣也是一樣，如戰後初期台灣的媒體所說，「本省人的愛好棒球，一如外省人的愛好籃球」，戰後族群對運動項目的喜好可以大致如此區分。並且，戰後政經資源外省族群較占優勢，棒球與籃球於是不僅具有本省與外省的分野，同時也有官方與民間認同的差別。因此棒球往往只能在民間的自力救濟中開展。

◆早期台北市內擁有少棒隊的國小，如龍山、永樂、老松等，幾乎毫無意外的都是本省族群居住的區域，因此族群的地理也是運動的版圖。

基本上，台北市是外省族群較集中的居住地，因此籃球的風行也較台灣其他地區盛行，官方對於運動的偏好也大體與此呼應。戰後初期，籃球與棒球的出發點大致是相同的，打棒球的人必須使用在外野還有大樹的新公園球場，而打籃球的人也必須忍受以寬度不夠的新公園軟式網球場充當臨時球場。

然而，一九四九年後，先後興建的鄭州路球場、憲四團球場已為籃球比賽提供一個改善的空間；一九五○年憲四團球場也首見夜間燈光，台灣籃球公開在夜間比賽從此開始。一九五一年可容納五千多人的三軍球場落成，以及此後再興建的兒童公園體育館及中華體育館，都可以看

◆民國四十九年發行的運動郵票中，包含了田徑、足球與籃球等運動，唯獨遺漏當時極為風行的棒球，政府對於棒球不重視的態度由此可見一斑。

出籃球運動頗受當局的重視。但棒球呢？在五○年代之初，台北最稱頭的棒球場（或許該稱為大空地）仍是「新公園棒球場」及「台灣大學操場兼棒球場」。

一九五一年台灣籃球隊與棒球隊同時赴菲律賓訪問，籃球方面是由體育大老郝更生親自赴菲律賓會談相關事宜，目標是以籃球促進中華民國與菲律賓的外交關係。而棒球隊雖也薰染部分外交色彩，但卻是由菲律賓的柯蔡宗親會邀請，經費由宗親會與謝東閔、謝國城等人四處張羅自理，官方對於籃球與棒球的態度由此可見。

有關當局對於籃球的重視，有時會讓熱中棒球的人眼紅。例如，曾擔任四屆國手，目前為合庫經理的陳勝次便曾回憶，有一次路經三軍球場，球場內喧囂不已，他好奇前去湊湊熱鬧，但眼前所見令他折服的不是高超的球技，而是球員休息時竟有牛奶可喝。他想起自己練棒球時，有茶水喝就很高興了，更多的時候，還只有自來水可喝，因此唏噓不已。

又如在南部打棒球的小孩，總喜歡穿著球衣出門炫耀，而在台北打棒球的孩子，穿著球衣在外行走，卻沒有那份榮耀感，這種差別也是常常見到的。

同樣的，在社會的主流論述上，

◆一九七六年，當時籃協理事長余紀忠，以國際籃總會長威廉瓊斯（R.W. Jones）之名創辦「瓊斯盃」，當時盛況空前、一票難求，也大大帶動了國內籃球運動盛行的風潮，圖為第一屆瓊斯盃的第一場籃球賽，由飛駝隊出戰沙烏地阿拉伯籃球隊。

◆對於民國四、五○年代的本省人而言，要去釐清棒球在生活中的位置是件相當困難的工作，它可能是年少時與同伴的記憶、又是少女心儀偶像的媒介、或者茶餘飯後打發時間的刺激娛樂。

棒球也未占據重要位置。因此直到台灣少棒拿下世界冠軍時，一九六九年媒體連日刊載「如何打棒球」的報導，對於棒球術語如何使用仍然莫衷一是，可見之前的公共論述並未給予棒球足夠的重視。

對於早期台灣而言，眷村村口的克難球場，聚集著外省人打籃球，正如同在空闊土地上，操著一口日本式棒球術語的本省人在打棒球。棒球隊中的共通語是閩南語，而術語則以日語為主；而籃球隊的主流語言則仍為國語。打棒球與打籃球的、說國語與說閩南語的，於是各自形塑了不同族群的運動特質，在今日，這樣的痕跡仍然依稀可辨。

當然，外省／本省、籃球／棒球的界線並非截然二分，如同曾任國手、出身眷村的周阿海也因為台中二中的棒球風氣，而投身棒球、喜愛棒球。七○年代後，這條界線更是完全鬆動，棒球沾染了國族激情、喚醒了民眾對棒球的熱情，打棒球成了可被期待的人生新選擇，提供了成就平民英雄的契機。因此，透過棒球為國爭光的時刻，也就是外省族群參與棒球的時候了，李宗源、趙士強、林華韋便是此時期的代表性人物。直到此時，棒球才成為所有台灣人的共同認同。

高雄第一大球痴──柳正雄

說起原名柳正雄的Yanagi桑，活躍於五、六○年代高雄棒球界的人士幾乎沒人不知道他。原籍廣東的柳正雄雖為外省人，但因為在日本受教育，娶日本人為妻，對於日本國球──野球，當然也很著迷。因此，一九四九年柳正雄從上海攜眷來台後，台灣的棒球環境再次挑動了他對棒球的熱情。幾年後柳正雄將德記洋行的高薪工作辭掉，開設「英雄體育用品社」，從此，他的身影便常現身於高雄市的棒球賽事中。

◆五、六○年代高雄棒球界聞人──柳正雄。柳正雄的體型雖看似單薄，但其對於棒球的熱愛與付出，卻使他成為棒球運動的巨人、棒球場上永遠的「希樂」。

當時體育用品不是人人消費得起的，每逢球隊、球員需要球具時，球員通常沒能力購買，因此柳正雄便自掏腰包提供球具，原本應是營利事業的體育用品社倒像是公益團體。此外，柳正雄還擔任棒球隊的義務教練，不辭辛苦、義務教導學生打棒球，甚至還遠從高雄市騎腳踏車到老遠的左營高中教球。

熟稔英語的柳正雄，甚至擔任免費仲介的任務，邀請造訪高雄的美軍第七艦隊與高雄的球隊進行友誼賽，他對棒球的熱誠更促使其投入棒球比賽的舉辦。台灣軟式棒球的第一品牌台南德化橡膠廠，曾舉行過一次德化盃棒球賽，該次比賽便是由柳正雄承辦，原本公家單位要求萬餘元的承辦經費，柳正雄卻僅以數千元便將一切打理完成。更有甚者，他還曾於一九六七年獨立舉辦「希樂盃」（hero）南部七縣市少棒賽，比賽雖風風光光有聲有色，但他自己卻因此積勞成疾，賽後不久便生病去世。

◆熱愛棒球運動的柳正雄，為了實現對棒球的夢想，毅然決然離開高薪工作，投入體育用品社的經營，也常捐助選手們各式球具。圖為英雄體育用品社的廣告看板，具十足的趣味性，頗能吸引眾人焦點。

讓棒球運動紮根的軟式棒球

　　一顆白色的球由前方飛來，眼看已垂手可得，未料一個著地、一個反彈，小白球已越過頭上向後跳去。這令人覺得棘手、難以掌握的軟式棒球，是早期台灣人參與棒球的共同經驗。軟式棒球對台灣人的意義，因此不同於以競技為主的硬式棒球。

◆早在日本時代，做工精細、極具質感的紅線球，在精緻的包裝下更顯其不凡的價值。在當時一顆硬式紅線球就要價上百元，非人人都能消費得起，也間接造成硬式棒球在台灣無法普及。

　　一般而言，吸引眾人目光焦點的棒球場上，硬式棒球賽通常是力度與速度的結合、技術與勇氣的象徵。如非經過艱辛的淬煉，一般球員面對俗稱為「柴球」的硬式棒球，心中多少有些害怕。被硬式棒球打到的疼痛，相信所有玩過俗稱「紅線球」的硬式棒球的人都知道，只要被球打到輕則紅腫、重則瘀血，有陣子甚至有個傳遍全台，不知起源於何處的紅線球打死人的傳說。硬式棒球的威力，以及一般人對它的害怕，由此可想而知。

　　加之，一只牛皮縫製的硬式棒球要價上百元，不若橡膠製成的國產德化軟式棒球實惠，而且硬式棒球經常在擊球的瞬間讓球棒應聲折斷，這在在都使得打硬式棒球成為非尋常人能夠消費得起的運動。

　　因此，不同於「看棒球」，若要「打棒球」，軟式棒球扮演的更是普及棒球運動的功能。也就是說，硬式棒球雖是「看球」的焦點，但軟式棒球則是人人可以「打」而且喜歡打的。隨著棒球比賽的熱潮，軟式棒球在五、六〇年代，遂成了人們重要的休閒運動。

　　或許很多人不知道，四、五〇年代最吸引台北球迷，由華銀、一銀、彰銀、土銀、台銀、合庫等六行庫所參與的銀行公會棒球賽，便是由軟式棒球起家。一九四八到一九五七年間，銀行公會持續不間斷地舉行了十二屆的軟式棒球賽，比起才舉行了六屆的硬式棒球賽，現在球迷

中還經常提起並懷念的精
彩球賽，或許指的就是軟
式棒球賽。不只是銀行公
會的棒球賽，當時台北市
軟式棒球賽（亦即後來的
「市長盃」）中，動輒超過
二十支的參賽隊伍，還有
「中華日報創刊兩週年棒球
賽」、「台北市政府冬季軟
式棒球賽」、台灣省體育用

◆戰後初期打軟式
棒球的風氣極為盛
行，在高雄市五十
多支的球隊中，多
數仍是以軟式棒球
為主，圖為台電擊
敗南星奪得軟式棒
球賽之後的合影，
僅是這段故事中的
一幕。

品社舉辦的「體教金盾盃第一屆軟式棒球賽」等多項比賽所造成的熱烈
迴響，都說明了軟式棒球的普及程度。

　　戰後初期的高雄軟、硬式球隊加起來約有五十支左右，但多數為軟
式棒球隊，其中鐵路局的軟式棒球隊便有二十幾支之多。當時軟式比賽
相當普及，參與者眾多，因此必須將球隊分為 A、B、C 三級，區分
實力、維持比賽精彩程度。

　　從五〇年代中部最負盛名的「民聲盃」，亦可看出軟式棒球的盛
況。民聲盃由民聲日報舉辦，第六屆民聲盃硬式組比賽有
七隊參賽，但參與軟式的隊伍竟有二十隊之多，其中包括
以地方人士組成的「沙鹿鎮隊」、以台中何氏宗親組成的
「台中聯福麵粉隊」、以聯誼合作社社員所組成的「中市合
作隊」、以公司員工組成的「大肚紙廠隊」。這些隊伍中，
有的是同事，有的是鄰居，有些是一個家族中的親戚，可
見軟式棒球不需高超球技，只要熱心，是人人皆可參與的
運動。

　　軟式棒球比硬式棒球更為社區性，細察五〇年代軟
棒球的參賽名單，參賽球隊的重覆性很低，軟式棒球的隊
史往往僅有數年，很難找到一支所謂有傳統的軟式棒球
隊。像曾在第五屆台北市市長盃打出好成績的「王妃隊」、
「OK 隊」，幾乎在該年的比賽後便找不到它們的蹤跡了。

◆四十年五月所舉
行 的 第 一 屆 民 聲
盃，為台中地區第
一個享有盛名的棒
球比賽，民聲盃前
後一共舉行二十一
屆，對台中棒球風
氣 的 提 升 大 有 幫
助，且軟式棒球賽
程為其主要投入重
點，成為普及軟式
棒球的重要利器。

因此，軟式棒球雖是普及棒球運動的利器，但由於它的介入相當容易，它的解散因此也相當隨興。

有趣的是，因為軟式與硬式棒球有著相當明顯的差異，所要求的技術亦不相同，而在人人求上進、不甘落人後的情形下，一種介於硬式與軟式之間，被稱為「準硬式」的新球，便成為球場上的新特色。基本上準硬式球仍由台灣主要生產軟式棒球的德化橡膠廠所生產，主要材質為橡膠，但因內部構造的不同，準硬式棒球球質較軟式球堅硬，速度也較快，價格與硬式球相較又便宜許多，即便還是橡膠製成，但總算比打來軟趴趴的軟式棒球刺激不少。因此，一九六六年起，台北市市長盃比賽便由軟式改為準硬式，而轟動一時的中華盃更是以準硬式為主體的比賽。由軟式過渡到準硬式，再進階至硬式，代表了軟式棒球在技術層次上的進展，也說明了台灣整體棒球水準提升的過程。

事實上，在紅葉熱潮及金龍旋風興起前，五、六○年代台灣人普遍打的棒球是軟式棒球——以包含橡膠材質的軟式或準硬式棒球為主，這波潮流大抵隨著國際比賽要求打硬式球而慢慢改變。因此在紅葉與金龍的台灣棒球轉折期中，少棒球員最常見的問題便是由軟式球轉變為硬式球的適應問題。後來硬式棒球價格逐漸便宜，台灣人的收入也日漸增高，七○年代之後，軟式棒球與硬式棒球的關係才漸漸開始主客易位。

◆左為軟式棒球用球，右則為準硬式棒球用球，兩者皆由台灣知名製球廠德化橡膠公司所出品。棒球運動從軟式到準硬式的轉變，是一段台灣棒球選手的全新體驗、球技提升的艱辛歷程。

雖然今日打軟式棒球的人少了，但在台灣棒球推廣的過程中，軟式棒球有著舉足輕重的地位，棒球能真正在台灣紮根，靠的還是軟式棒球拉近了台灣人與棒球運動的基礎！

最具傳統的業餘球隊
──台電與合庫

　　五、六○年代台灣棒球運動雖然紅極一時，但沒有票房收入、不是鎂光燈焦點的業餘棒球，一路走來，仍然有著不為人知的辛苦歷程。因此如同「老公仔標隊」、「保胃能」、「萬家香」等業餘球隊，往往只能維持幾年光景，便因主客觀因素而解散。能持續發展、伴隨台灣社會走過數十年的業餘球隊，便如鳳毛麟角一般的稀罕。其中，「台灣電力」與「合作金庫」堪稱台灣棒球史上，最具傳統的兩支業餘勁旅，它們的傳統甚至可追溯到那個物資尚稱困頓的戰後初期。

　　一九四六年四月，台灣剛度過第一個戰爭結束後的冬天，高雄的棒球風氣已再度興起。傳統上棒球隊本就來自學校及各企業單位，對這樣的熱潮，規模龐大的台電公司當然也不能例外。台電棒球隊最初是在自然的情形下，由喜好打棒球的員工組成的。但後來因為有黃皆得、宋宦勳、許漢水等名將的助陣，「台電隊」實力因此與日俱增。

◆台灣棒球史上的業餘棒球球隊可真是多如繁星，如圖高雄的營造廠所組成的營造隊，便是戰後高雄極為強盛的業餘球隊之一。然而，即便是陣容堅強的營造隊，也不過存在幾年便消失於台灣棒壇。

　　一般而言，業餘棒球大抵是一個公司一個球隊，但台電卻因棒球風氣興盛，所以重要營業處都有棒球隊，如嘉電、南電、高電、竹電等都是公司內的球隊。一旦遇上金像獎或協會盃等大賽，則由公司內選出明星隊應戰，因此台電隊雖起源於高雄，但對外比賽卻由全省電力棒球菁英組成，可見台電隊雄厚豐沛的棒球實力。

◆早在那個牆上寫著「密」的保密防諜時代，台電隊便已是台灣數一數二的業餘球隊，同時由於台電的實力強盛，因此外國隊伍訪問台灣時，台電便是少數能與外國隊伍相互較量的球隊之一。

一八四八年，台電棒球隊成立的兩年後，便在第一屆協會盃奪得亞軍，在名列亞軍多年後，終在一九五四年奪得冠軍。除此之外，立基於高雄的台電，同時也多次代表高雄市參與省運。

台電棒球之所以強盛，與台電這個名號也有著密切的關連。在早年台灣社會中，能夠在公家單位謀得一職，便如同得到「鐵飯碗」一般，可說是出人頭地的事，因此台電自然是棒球好手嚮往的地方。台電既然支持棒球隊的活動，自然能吸引眾家好手加入。

◆「高電」的球衣字樣意味著台電不僅是「一支」球隊，台電隊的強盛在於集各營業處的菁英於一身。圖中身著高電球衣者為早期台電隊的猛將、日後美和隊教練、職棒味全龍隊第一任總教練的宋宦勳，與其合影者為柳正雄。

比電力公司更為人稱羨的職業則是銀行業，許多棒球前輩認為在台電任職雖然穩定，但比起銀行業卻還是有藍領與白領的差異，因此銀行球隊的強盛，多少與帶槍投靠的選手尋良木而棲的心態有關。

銀行隊伍最具象徵性的代表便是合庫隊。合庫隊成立於一九四八年，原先也是一群愛好棒球的員工在公餘時候打棒球而組成的。由於戰後初期台灣的重要行庫都在新公園附近，甚至因此帶動了新公園附近的棒球

風氣。對體育活動相當支持的合庫因此成立體育部，下設各種球隊，而棒球隊便是其中之一，出任合庫體育部部長的則是張我軍先生。當時，棒球協會的會址、幹部皆與合庫有關，如影響台灣棒運的重要人物謝東閔、謝國城當時皆同時為合庫與棒協的重要幹部，合庫棒球隊的興起，從此便可預見端倪。

　　至此，合庫發展棒球隊的企圖已經不再定位為公司內部的員工休閒活動，為了在激烈的銀行隊中爭勝，合庫棒球隊的未來必須是能夠足以問鼎銀行公會盃、甚至省運的勁旅。然而，不容否認地，早期台灣棒球人才多半集中南部，因此合庫為充實球隊戰力還是得到南部挖角，黃天賀、陳晶瑩、方水泉等南部好手的加盟，對合庫實力的提升發揮了關鍵性的作用。

　　公司支持與好手助陣，讓合庫在第五屆「協會盃」中（第二屆金像獎）便拿下冠軍。不過，對於台灣省屬行庫的合作金庫而言，以省主席名義舉辦的主席盃冠軍更是合庫一心所屬的榮譽。一九四七年第一屆主席盃由合庫掄元，耀眼的成績、如雲的國手陣容，吸引了許多原本不看球的合庫女職員，合庫可說是五〇年代最耀眼的一支明星球隊。

　　合庫隊的崛起，為棒球發展較為緩慢的北部守住了一塊版圖，台電與合庫間，因此具有南北對峙的意義。台電與合庫的堅持，走過了半個世紀，成為至今僅存的兩支非學生組成的業餘甲組球隊。八〇年代台灣職業棒球成立之初，台電與合庫兩隊的球員化身為「統一獅」與「三商虎」的主力，台電隊與合庫隊因為球員的流失，面臨了嚴重衝擊。然而，一直到今天，為了企業形象與棒運紮根的考量，兩個公司仍持續以每年超過千萬元的援助，維持著傳統、維持著企業的榮耀。台電與合庫在今天，早已成為台灣棒球傳統與榮耀的化身了！

◆民國三十八年的第二屆「六行庫」軟式棒球賽，合庫隊得到了隊史上第一個大賽的冠軍盃。因謝國城當時任職於合庫，謝東閔則為合庫理事長，著名文學家張我軍為負責合庫棒球隊事務的研究部主任，棒協幹部也大多由合庫人擔任，合庫人對棒協事務投入的程度，而換來合庫就是棒球協會的戲稱。

大涼汽水與味寶味素

如果說台電與合庫是因為堅持棒運而在棒球史上占有一席之地，那麼，華麗登場、落寞下台的「大涼汽水」與「味寶味素」，它們戲劇性的發展更為台灣棒球史留下值得記錄的一頁。

活躍於一九五一到一九五七年的大涼汽水棒球隊，是台南望族林家所有。當時林家的林全興擔任台南高工的校長，而大涼汽水為其家族所經營，熱愛棒球的林全興因此在興趣與廣告的雙重考量下成立大涼汽水棒球隊。

雄厚的財力加上主事者的熱心，為大涼汽水吸收到了不少優秀的選手，成為盛極一時的超強隊伍。一九五六年的第五屆金像獎棒球賽，便史無前例地突破了公營企業奪冠的傳統，而由民營的大涼汽水奪得冠軍。

◆味寶與大涼之所以能成為眾人目光的焦點，與它們的宣傳活動有關。在「前職棒」時代中，整齊明亮的造型、訓練有素的啦啦隊、巡迴鄉鎮的宣傳，加之明星球員的高超球技，自然輕易擄獲了各地棒球迷的心。

台南市好手樂於為大涼打球的理由無他，別的球隊到台北比賽時，往往是四、五人擠一房間，而出手闊綽的大涼隊不僅一人一間，有時甚至投宿在北投溫泉旅館，這般好待遇當然使選手樂於披上大涼球衣。

同樣著眼於廣告效益而成立的味寶味素棒球隊更為鋪張。味寶公司是位於高雄內惟的味素工廠，因為棒球在台灣社會的流行程度頗高，便想成立棒球隊以打響公司知名度。由於味寶隊福利好，器材提供不虞匱乏，因此，國手級的洪太山、陳潤波、宋宦勳、黃仁惠、王麗旭都樂於為味寶隊效力，讓味寶隊第一次參加一九五五年第四屆金像獎盃時便取得亞軍的頭銜。高手如雲，再加上味寶隊出賽時通常有職業級的啦啦隊助陣，使得味寶隊格外引人注目。

隨著時間的過去，母企業由衰弱到結束，這兩支強盛的球隊也如曇花一般，逐漸成為歷史的一頁。

球具的棒球史

　　一張張泛黃的黑白照片中，與棒球員一同合照的是排列整齊的球具，這說明了那個物以稀為貴的時代中，棒球用具本身不凡的價值。球具的歷史因此也是一種觀察早期台灣棒球史的角度。

　　早在日治時期，台灣人還是很怕「柴球」的時代，如果一名球員有好的球具，便能為他的球技錦上添花；但又因為球具的不充分，球員往往必須調整自己的需要，配合球具。台灣第一代國家隊的當家第四棒洪太山，便是這樣的狀況。洪太山是左撇子，為了遷就那做工精細、但須戴在左手的捕手手套（捕手手套沒有戴在右手的規格），結果從此洪太山便成為右手投球。右投要練左打較為常見，而左打變為右投卻相當稀罕，由洪太山的例子可見一只好手套對於球員的吸引力。

◆早期的棒球手套看來皆是如此的厚重，五個手指連在一起，有如大圓盤一般，不似今日棒球手套一般的輕盈與靈巧。

　　事實上，整個日本時代台灣人打棒球的資源有限，若非學校提供球具，或是中上人家，一般尋常人實在消費不起一間間位於日本人居住區內體育用品店的棒球用具，戰後初期仍是如此。事實上，截至七○年代以前，台灣棒球設備的生產能力，並沒有決定性的突破，球具仍是高貴的消費品。尤其硬式棒球一律從日本進口，一只硬式棒球被稱為有「一錢黃金」的價值，其昂貴可見一斑。民國四十幾年時一只硬式

◆合庫隊成立時，至簡永昌先生的故鄉桃園大溪訪問的留影。四根球棒、幾個球與手套，羨煞眾多棒球好手的合庫隊，球具裝備不過如此簡單。

棒球要價百來元，而當時一般人的月薪不過五百元上下，因此，當時一個球隊能有幾顆球就已經算是相當豪華。堪稱台灣最佳成棒隊伍之一的合作金庫練球時，球員們從球袋中一口氣丟出十來顆硬式棒球的景象，就已令眾人羨煞，但那還遠遠不及我們的國手出國比賽時，看到推車上堆滿球的日本隊，那更令人嘆為觀止。

因為硬式棒球價格昂貴，所以就不能讓棒球太早淘汰，縫補工作因此成為打棒球的大男人必備的手工細活，這也是棒球員們共同的記憶。早期曾在合庫隊打球的杜勝三教練與陳勝次經理對此都記憶深刻，縫一顆球的順序大致是如此的：拉出長度約為雙手張開一・五倍的紅線，上蠟後再用兩根粗針，一孔一孔地縫製完成。因為棒球實在太寶貴了，球場上的活動更常因為找尋失去蹤跡的球而暫告終止。

木棒的珍貴與棒球是一樣的。曾於赴韓國比賽途中經日本參觀的洪

◆與今日相比，日治時代的球具大多相當簡單，如劍道頭盔般的護具、不辨五指的手套、裁製簡單的棒型，早期的球具不僅有種古樸的簡單，更帶有懷舊的趣味。

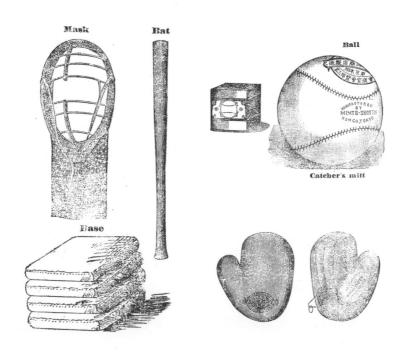

Mask Bat Ball

Base Catcher's mitt

太山、黃仁惠，就對日本體育用品店琳瑯滿目的球棒大感驚訝。但同行的日本友人，對這些球棒完全不看在眼裡，直接將台灣球員帶往店後的小房間，裡面有一個製造球棒的師傅，仔細地為客人量身特製合適的球棒。那位日本友人更說最外面的那些球棒，是品質最差的。而球員們在台灣使用的球棒，就是日本體育用品店放在最外面的球棒。黃仁惠等人那時才意會到台灣與日本棒球條件的差異竟是如此大。一般而言，台灣製的球棒品質較為次級，這些球棒不僅笨重，且擊球瞬間刺骨的麻痛，令人印象深刻。

◆民國四十四年，洪太山從日本帶回了日本製的木棒，「OSAKA JAPAN」的字樣、老虎的標誌，足以引起眾人的讚嘆，洪太山表示這是他用過最為順手的球棒。

　　木棒是有生命的，有時明明外觀相同，卻因為木質結構的差異而品質懸殊，並不是每支都能打得順手。因此，在當時一支好球棒可是球隊中珍貴的資源，一個球隊當中往往只有幾支眾人搶著打的「明星」球棒，只要一支搶手的球棒被打斷，那個人便馬上遭到眾人的白眼。

　　由於球棒如此珍貴，因此如果損壞總會想辦法修復。通常一支裂開的球棒，會先用鑽子鑽個小洞，再用螺絲拴緊，外層包上一層紗布後捆上膠帶，一支球棒便因此再生。

　　當然，台灣也曾有人試圖自製高品質的球棒。五○年代曾與蕭長滾等人一同開設高雄體育用品社的洪太山，就曾嘗試利用雞油木（櫸木）製造木棒。但因雞油木太重，於是先請電力公司的朋友利用乾燥設備，試圖讓木材重量減輕，之後才用車床車出所需形狀。但雞油木球棒韌性雖足夠，卻因太重，而不容易快速揮擊。

　　事實上，球棒是個困擾台灣棒球運動相當久的問題，一直到金龍

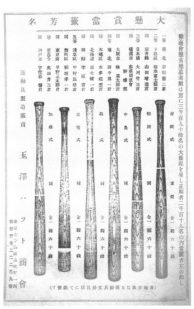

◆從早期的廣告中，便可看出日治時代的日製球棒，已針對功能性而有不同的裁製樣式，長短不一、粗細不等，完全考量使用者的便利，不同於生產者導向的單一型態。

隊掀起少棒旋風後，棒球器材仍舊普遍缺乏。除了手套與打擊用頭盔之外，優質的器材多半仰賴進口，費用頗高，其中以消耗量大的木棒與球尤然。當時一支不錯的球棒通常高達三百多元，且折損率高，輕易地就被打斷、打裂，而且台灣也沒有製造球棒的適宜材質。曾有一個體育用品社捐贈自製的球棒三十支給金龍隊，結果因為球棒沒有彈性，打了幾次便斷裂不堪使用。一九六九年國軍退除役官兵輔導委員會桃園木材工廠，曾使用椎木製成球棒，且估計每天產能為兩、三千支，但球棒的品質仍遠遜於進口貨。

更有趣的是，為解決球棒問題，林務局竹材工藝加工廠認為以彈性佳、組織緻密的孟宗竹製成球棒，打擊效果與木棒相同，因此曾企圖推銷竹棒以取代木棒。但事實證明竹棒較適合小朋友玩耍時用，不適合用在競技用的棒球上。

不過，相較於球棒與硬式棒球，軟式棒球的技術倒有不錯的成長，這與一間直到今日仍挺立在嘉南平原上的橡膠工廠有關。德化橡膠廠創設於一九四七年，當時剛從日本返台不久的洪虎，因為曾經在日本橡膠化學工廠擔任工程師，並參與日本軟式棒球的研發工作，因此對橡膠材質製造軟式棒球的技術相當熟悉，回台後便與弟弟洪國安等人投入橡膠材質球類的生產。擁有技術便能量產，打著「TH」字樣的軟式棒球，便成為普及軟式棒球運動的利器。

◆「德化」（TH）的標誌與品牌，象徵台灣球具史上最重要的里程碑，它的出現改變了球具為進口貨所宰制的現象，它的堅持代表著棒球運動在台灣的普及，直到今日，德化的軟式棒球，仍舊無償提供國內、外棒球協會少棒比賽的用球。

戰後初期，棒球在台灣一直具有出身貧困及以小搏大的特質，後來七○年代紅葉傳奇中，「木棍打石頭」的故事之所以被一再提起，乃是它代表著從困頓中、從艱苦中力爭上游的象徵，而這個時候，一只一再被縫製的棒球、重覆被修補的球棒，不正是另一種更為普遍存在的紅葉精神？

台灣棒球的美援經驗
——金像獎盃與可口可樂

　　五○年代的台灣，是個以鄉村社會為主體、以農業為主要產業的島嶼，在政治、國防與民生經濟事務上，相當程度倚賴國民政府的主要盟國——美國。因此，身為美國國球的棒球，也隨著美國大兵與行政官員的進駐，與五、六○年代的台灣開啟了一段有趣的連結。

　　當時美國與台灣的棒球交流，大都是透過友誼賽的形式進行。一九五一年，美國第七艦隊抵台，體壇就曾與美國大兵進行一場友誼賽。中美友誼賽雖非關錦標，但觀眾仍然很多。一九五一年九月廿一日進行的一場友誼賽，熱情的觀眾硬是將九十度的球場包圍成七十度的大小。除友誼賽外，稍見正式的比賽，則有為慶祝美軍顧問團週年慶所舉辦的中美合作棒球賽。當時美軍顧問團的代表蔡斯（William Chase）少將，

◆以左營軍港為基地的美軍第七艦隊，往往在閒暇之餘，與高雄球界以球會友，對於早期的台灣棒球手而言，是極美好的經驗；美國人喜歡與技術高超的台灣人過招，台灣人則心儀美國的可樂與球具，各取所需皆大歡喜。

還擔任台灣棒球協會的榮譽會長。其時中美合作真的是無所不在，美國與台灣的棒球交流，在此情境下，便開始了理所當然的第一步。

　　一九五○年代初期，台灣最重要的棒球賽之一，便是一九四八年開始的「協會盃」。一九五二年九月底，第四屆「協會盃」在台灣大學舉行，但因該次賽會由美國全國棒球委員會透過美軍顧問團贈送「金像獎盃」一座，由於這座獎盃十分氣派精美，又是美國人送的，所以該屆「協會盃」因此得到金像獎盃錦標賽的稱號。而也就是這座金像獎，既讓台灣棒球開始染上美國色彩，又讓一場尋常的比賽帶來了許多驚奇。

◆民國四十二年第二屆金像獎閉幕後的合照，冠軍隊伍為各家銀行所組成的聯隊，佇立在中間的「老外」則是美軍顧問團團長蔡斯少將，金像獎正是美援時代台灣棒球史下的重要側面記錄。

首先，光是這座獎盃就值得大書特書，當時的報紙是這麼寫著：「美國全國棒球委員會所贈之金像獎一座，高約二英尺，乳白色象牙鑲座，四角上各有一金質棒球選手揮棒擊球姿勢，中有長方形金質座，座上為一高約八吋之金質棒球選手，執棒凝視，神態俊逸，五千名觀眾都一齊對這座金像獎出神。」由於這獎盃引起熱烈的新聞效果，該次賽會更為此增開台北東站到台灣大學的臨時班車，以利觀眾與會觀戰。媒體更評論說，在金像獎的助威下，比賽「必較過去任何一年的例行大會甚至省運還要來得精彩」。

七日的競逐、十一隊的交鋒，末了由當時傳統強隊之一的銀行聯隊，在三度平手的僵局中，於八局由葉清德的安打連下兩城，以八比五擊敗台電，在上萬觀眾矚目下，奪得眾人垂涎的金像獎盃，並可保留獎盃三年。金像獎盃的授與，榮耀固然屬於銀行聯隊，不過更重要的是，銀行聯隊的成績可因此被寫入美國棒球委員會紀錄中，成為世界棒球歷史的一部分，銀行聯隊真可說是「揚名海外」了。

◆台南大涼汽水隊在民國四十五年的金像獎中掄元，足以接近半個人身高的獎盃，正是金像獎被稱為金像獎、金像獎之所以吸引眾人的重要因素。

除了賽事之外，金像獎盃還另有意在言外的象徵意義。得到金像獎盃冠軍者「即為中華民國之棒球代表隊，可參加國際性體育會機構，獲得全球業餘棒球組織之地位，意義甚為重大。」而球員則「具有優先被選為

台灣正式棒球隊員資格」。台灣球隊能獲得國際業餘棒球組織的承認，主要歸因於美國棒球委員會所贈的金像獎盃，因為這代表了台灣棒球被美國承認，台灣因此成為國際棒球社會的一員。以此來說，棒球的美援經驗，真可說是幫助台灣棒球「走出去」的重要推力！

金像獎盃的故事，證明了美國是當時台灣人心中崇高的想像，也是將台灣推向國際棒球社會的推手。更有甚者，台灣與美國的棒球交流，提供了台灣人感受美國物質的機會。

對於部分老一輩的台灣棒球人而言，回憶起跟美國人打棒球的歷史，最甜美的滋味，不是來自勝利的全壘打，而是甘甜又嗆鼻的可口可樂。戰後初期物資缺乏，想要喝到當時仍很稀罕的可口可樂，非得靠美國人的邀請不可。當時，由於美軍顧問團以及美軍常邀請駐在區附近的球隊如「開南商工」，以及左營軍港附近的「高雄球隊」、台南空軍基地附近的「台南球隊」進行友誼賽，因此與美軍交手的球員，自然成為全台棒球選手中最接近可口可樂的一群人。

但是，與美軍的友誼賽可要「打得巧」才有可樂喝。「美軍棒球隊」的實力大多未能贏過台灣球隊，但如讓美軍一直輸，一旦惱羞成怒，結果就是沒有可樂可以喝，這可是害人又害己的行為。但如果表現「得體」，打出一場一分見負、實力相當的比賽，雙方一起「把可樂論英雄」，就顯然是較為皆大歡喜的結果。

有時，幸運的話，可口可樂還可以帶回家。這時帶回家的可樂，就很有炫耀價值了。通常街坊鄰居都會爭相圍睹，即使只是「看可樂」也能獲得不小的滿足感。而這種可樂喝起來，也別有一番講究，通常是一格一格地喝、一口一口地品嚐，好像是喝到珍貴的聖水一般，喝可樂還喝得真有儀式性。

早期在台南打球的前輩吳祥福更指出，可口可樂固然吸引人，但到台南機場與駐守於此的美軍打球，則更令人興奮。因為到美軍基地打球時，喝可樂只是打球外的任務之一罷了，真正誘惑人的，卻是機場內自

◆美援之於棒球，固然具有物質想像的意義，然而，對於時至今日仍習慣穿長褲打壘球的台灣女壘運動而言，身著短褲、來台訪問的美國女壘隊員，令台灣球員、球迷「大開眼界」，開啟了另一種的美國想像。

動販賣機的免稅洋煙。當時的台灣社會，洋煙價格高到令人咋舌，如果能夠買到便宜洋煙，那不知是多麼好的事。因此，只要是到機場與美軍比賽，球員一定帶足零錢準備投幣買洋煙。當然，大剌剌地買洋煙，也蠻不好意思的，因此不管南台灣天氣多麼炎熱，球員們總是記得穿上外套，以便把「採購品」塞在外套內，順利「帶回」台灣。不知情的老美，或許以為台灣選手竟然有維持身體熱度以避免運動傷害的觀念。

因為跟美國人打球、帶了一瓶可口可樂或買了洋煙回家，使得台灣選手格外神氣、異常興奮。台灣棒球就這樣透過可口可樂、洋煙與美國扯上關係。

即便到了七〇年代以後，台灣人對美國仍懷有那份高高在上的羨慕之情。文學家小野寫於七〇年代的文字，描述那位剛站上打擊區的阿財，內心還是想著「能不能當國手就在這一棒了，贏了才有去美國的機會。……，不是隨便講講好玩的咧，美國呢！」就是台灣人內心最深處的聲音。對於台灣棒球選手或者台灣人而言，美國始終都很美！

活在五、六〇年代的台灣人，對於開襠褲上寫著大剌剌的幾個字：「中美合作」，始終記憶深刻。那是一個處處都能看到美國的年代，美國對於台灣的影響，除了為牽制中共而有的政經軍事支援外，亦深入到日常生活的各種物質條件。同時，就庶民文化而言，美國也是「美」國。美國大兵與搖滾樂、可樂與牛排所營造的形象，就如同電影「蘋果的滋味」中，乾淨明亮的美軍醫院一般，宛若聖堂，神聖遙遠而不可及。

往觀這段很美國化的歲月，美援種種不僅深深嵌入台灣人的生活大小事，美國更是一切美好事物的代名詞，從而也為美國與五、六〇年代的台灣棒球開啟了一段有趣的連結。

◆戰後初期，台灣人心目中對美國的印象可說是無比美好，這不僅是種心理意識，也外顯為日常生活中對美國貨的搶購熱潮。

五、六○年代的東洋旋風
──早稻田與巨人軍

　　由於台灣棒球的引進源於日本時代，因此識門道的老球迷都知曉早期台灣棒球風格的東洋味濃重，甚至到今天，「一壘有人、犧牲短打」的戰術，仍為台灣棒球場上必見的橋段。這種對棒球戰術的一致理解，固然反映出穩紮穩打「先吃分來固本」的進攻策略。但從棒球史與文化史的角度理解，這球場上的不二選擇，還蘊涵著對日本棒球與技術的高度認同。

　　雖然台灣棒球受日本影響頗深，但早年的棒球比賽中，台日選手間的較勁，甚至擊敗日本人，則是提供受日本統治的台灣人另一個內心快慰的機會。在球場上擊敗日本人，是對日本的統治展現「本島人」自尊的延續。在棒球不是那麼具有消費文化意義的時代中，台日棒球的對壘，也同時象徵著統治者與被統治者、優越者與卑下者的決鬥。

　　五、六○年代的台灣，日本人已非台灣島的主人，要能看到精湛的日本技術、台日對決的戲碼，只能趁著日本球隊訪問台灣的機會。其中最具代表性的便是早稻田、明治、慶應等日本大學與日本「讀賣巨人隊」的台灣之旅，當然社會球隊如「住友」、「日本石油」、「日本產業」、「日本鋼管」、「熊谷組」等隊也曾是台灣棒球場上的訪客。

◆相隔二十年，早稻田大學棒球隊再次踏上台灣的土地，響亮的名號依舊吸引了大批的棒球迷前往觀賞賽事。彼時早大棒球隊正值青黃不接時期，卻仍以十勝一負的戰績大勝台灣球隊，連其教練也頗感意外！

　　一九五三年台灣省棒球協會於四月召開大會時，決定邀請早稻田大學來台訪問。早稻田大學為謝國城先生的母校，因此邀請早稻田也有賴於謝國城的穿針引線。十二月十七日早稻田棒球隊抵台，距離前次訪台已有二十年之遙。

　　此次來台早稻田預計與台灣棒球隊在南北等大城市進行十一次交鋒，與美軍、銀行公會隊、台灣聯隊及台南大涼隊對戰。其中台灣聯隊

等同於國家代表隊，因為在台灣比賽不似出國一般大費周章，所以台灣聯隊的規模異常龐大，共達二十五人之多，比起同年初赴菲律賓的台灣聯隊增額十名，意在集全台之菁英擊敗來訪客隊。

對此次盛會，棒球場地極為欠缺的台北市，決定在台大棒球場搭製看台，並趕製數千竹長凳供觀眾使用，比賽當天並加派公車往來於車站與台大間，中廣並採立即實況轉播。

原本評論認為，雙方勢力應為五五波，未料前三次比賽中早稻田連戰皆捷，於是眾人便將希望放在即將登場的台灣聯隊。結果，比數為十二比三，早稻田四連勝！

不僅如此，早稻田大學在訪台戰績中，僅曾以二比一敗給台灣聯隊一場，其餘十場皆由客隊獲勝。

對於花錢買票的台灣球迷而言，到場觀戰雖然是慕早稻田大學豐沛的戰力、紮實的基本動作而來，但內心仍然期盼台灣隊獲勝。早稻田隊的教練對這個結果也頗感意外，他認為，早稻田棒球隊正逢青黃不接的時候，成績不應如此優異，也因此，他認為台灣棒球水準似乎有倒退的現象。

此後，早稻田、明治、慶應、駒澤，以及關西的大學聯隊皆曾來台訪問。其中最著名的是曾在日治時期訪台，且極具傳統的早慶兩隊，在一九六三年時的再次登場，對戰六場，場場觀眾均超過一萬五千人。早稻田、慶應與台灣球隊的對戰均以四勝〇敗作收。一九五六年，明治大學來台訪問除和局一場外，其餘十二場皆由明治大學獲勝。

基本上，對訪台的日本球隊，台灣球隊的戰績多是一勝難求，不過這些對戰，也讓球員得到技術上的觀摩與指正，台灣棒球水準也才得到提升的機會。例如明治大學的教練就曾建議台灣球員：「台灣一壘手接球都等球近身才接，而不懂利用手臂的伸長爭取接球的時間，增加刺殺出局的機

◆日本球隊訪台通常利用年底的時間，以慰勞球隊一年的辛勞。來台的球隊除了大學隊伍之外，也包含了企業球隊，圖中的駒澤大學棒球隊為著名的六大學棒球隊之一。

率。」儘管所談都是細節，但卻是十分受用的棒球觀念。日本棒球的技術面，著實令台灣人自嘆不如。

應付日本大學勁旅，台灣聯隊已是左支右絀，更何況面對職棒球隊。因此當一九六八年二月日本職棒常勝軍讀賣巨人隊來台訪問時，目的就不是為了與台灣隊進行友誼賽，而是為了球季前的春季訓練。

◆一九七七年九月初，王貞治擊出了第七百五十六支的全壘打，打破了舊有的世界記錄。一輩子一共打出八百六十八支全壘打的王貞治，因為突出的打擊能力以及身上的華人血統，使王貞治成為幾十年來最受台灣球迷愛戴的球星之一，而其所效力的巨人軍也廣受台灣球迷的歡迎。

當時，巨人隊早已威名遠播，加上具中華民國國籍的全壘打王王貞治，以及長嶋茂雄、金田正一、柴田勳等明星選手都身在巨人軍的緣故，台灣球迷對於巨人隊可說相當熟悉。這麼強的球隊選擇訪問台灣，所造成的轟動可想而知，隨行記者的陣仗，比日本佐藤首相來台訪問時還多。

因此，儘管不是正式比賽，巨人隊的春訓每日仍吸引了四、五千名台灣球迷前來參觀，媒體對巨人隊春訓的技術面及訓練觀念，更是連日報導。集訓之餘，川上哲治監督還在台中體育館，為台灣棒球教練與選手講授棒球訓練與技術。可以這麼說，巨人隊從二月九日來台至二月廿六日離台期間，不僅一邊進行春訓，也一邊對台灣灌輸日本棒球細緻的技術。

◆一直到今天，福岡巨蛋球場之外，仍有著王貞治一比一的手掌模型，崇拜王貞治的台灣、日本球迷可把握在此體驗與王貞治握手的機會。

此後，巨人隊在台中、台北舉行三場對內表演賽，場場不僅超過一萬人，巨人隊在這三場中更是一舉擊出十三支全壘打，王貞治更是連續三場都擊出全壘打，讓台灣球迷大飽眼福。

五、六○年代的東洋旋風中，台灣仍是日本棒球技術的承接者，雖然仍在學習，但台灣棒球水準也在提升中，到了六○年代，得分差距動輒十幾分的情形，已未曾看見。對於日本、對於棒球，台灣人正是以一種一方面驚嘆日本棒球的細膩，一方面卻希望能擊敗日本的矛盾情結面對之。

棒球，因此是台灣對日本愛憎難辨的交集。

棒球生態的丕變

　　一九五〇年代主宰台灣棒壇的球隊，主要是台炭、六行庫的棒球隊、台電等球隊，偶爾大涼、味寶也會有令人驚奇的演出。然而進入六〇年代後，此生態有了些許的轉變，那就是三軍球隊代之而起。因此，六〇年代棒球場上的主角便多為三軍球隊的選手。

　　從國家隊隊員中三軍球隊隊員所占的比例可看出其中之消長，一九六一年參與第四屆亞洲盃的國手中，李憲宗、林呈欣、蘇棟川、葉南輝、邱松男、李威耀、陳富雄、官大全、陳一成、林信彰、陳良治、張東龍、徐鈴明、蔣信雄、顏樹洋、邱海清等十六人為三軍出身，這在五〇年代是從來沒有發生過的事。

◆六〇年代因企業支持棒運的態度大不如前，以及大眾娛樂方向的改變，戶外的棒球運動不再是民眾的首要選擇，相較於民國五〇年代前的熱絡氣氛，六〇年代的球場確實冷清多了。

　　另一個重要現象是成棒的衰微，特別是企業球隊的減少更為顯著。此為棒球基礎產生若干斷層的現象所致，開南與南英等青棒選手固然實力突出，但勢單力薄，難以普遍性地提供成棒基礎，這從早期的主力國手通常多為熟面孔的現象可得知，最終，開南棒球隊甚至在一九六八年被迫解散。

　　此外，企業支持的態度亦大不如前，原本屬於公司內部員工休閒的棒球，一旦發展成以對外比賽、嚴格訓練要求戰績的型態時，球隊開銷就是一筆龐大的負擔了，六行庫比賽便在開銷逐漸成為負擔的情形下，也淡出了歷史舞台。

　　再者，六〇年代是台灣社會工業產值超越農業產值的時代，這意味著台灣已從農業社會漸漸轉為工商社會，比棒球更刺激的休閒活動也隨之增多。相繼開播的電視台、「沒脫不成團」且號稱為「藝術犧牲」的歌舞團在此時數量破百，這也是劇情廝殺不斷的「金光布袋戲」席捲全台的時代。觀眾選擇一多，棒球就不再是「集三千寵愛」於一身的眾人焦點了。因此，六〇年代中期後，參與全國棒球錦標賽的隊伍，扣除三軍球隊之外，足以長期維持的僅剩合庫與台電等球隊。成棒的衰微、三軍球隊的代起，遂成了六〇年代中期之後台灣棒球發展的主軸。

第三章

攀越巔峰──
走向國際的七○年代棒球

木棍打石頭的紅葉傳奇

◆全台灣共有三個紅葉村，分別在台中、花蓮及台東，創造紅葉傳奇的則是台東縣延平鄉的紅葉村。行經村口，綠色招牌旁的醒目棒球人像，正告訴外來者這個「紅葉村」正是那個因打棒球而聞名的村子。

七〇年代（民國六十年左右）是台灣棒球走向國際的年代。一九七〇年代以前，棒球在台灣盛行的規模和型態主要是以「島內」為主，國際性的棒球活動仍屬次要。當時，棒球對台灣人而言，僅是生活中與棒球產生的深厚情感，而所謂棒球的「附加價值」尚未被發現、開拓。

但誰也沒想到，一群來自台東鄉間紅葉國小的原住民小朋友，竟憑著木棍打石頭的訓練，一路過關斬將，最終一舉擊敗日本關西聯隊，進而為一九七〇年代台灣棒球的發展開啟另一全新格局。

一九六〇年代初期，台東縣延平鄉紅葉村——每到深秋便因滿山楓紅而得名——不過是個居住七、八十戶布農族人，以種植玉米為主的小部落，紅葉國小則是個全校人數不及百人的小學校。

一九六三年九月從卑南國小調到紅葉國小當校長的林珠鵬，面對學生出席率不佳的情形實在很著急，要求校內老師探訪學生不喜歡上學的原因，結果發現體力旺盛的布農族小朋友，大多喜歡爬山打獵及戶外活動，尤其羨慕村中青年所組織的棒球隊。靈機一動的林校長與邱慶成老師當下便決定在只有七十幾名男生的紅葉國小成立少棒隊，並交由邱慶成老師負責訓練。

林校長的決定雖獲得五十幾名學生的熱烈迴響，但林校長與邱老師可是費了九牛二虎之力，才說服擔心學生加入球隊而荒廢家務的家長。更令人雀躍不已的是，加入球隊的學生，不僅出席狀況大幅改善，學業成績更有明顯的進步。

然而，山區小學校畢竟資源有限，當時紅葉國小一個月的經費僅約

八、九百元，包括球、手套、球棒、壘包、
球衣等設備都需費心張羅，許多因陋就簡的
變通之道，成為剛起步的紅葉少棒維繫棒球
熱情的權宜措施。例如，沒有球棒便削樹木
為木棍，沒有棒球於是用小皮球取代，甚至
直接取材自然，以石為球。但當時誰也沒想
到，這支以木棍打石頭方式起家的紅葉少
棒，竟然能在幾年後擊敗世界冠軍。

好不容易，學校東湊西湊省下一筆錢買了一套棒球設備，並挑選十
幾個可造之才，在村中人人敬畏、教球向來嚴厲的邱老師調教下，組成
較為正式的校隊。歷經幾個月的嚴格訓練，「紅葉少棒隊」在一場與村
中青年的友誼賽中，國小學生竟搏倒青年人，接著在鄰近地區的友誼賽
中幾乎連戰皆捷，這才讓村中的人注意起這些每天在操場上辛苦練球的
小球員們。

◆位處山間的紅葉
國小，有著鄉野村
校般的僻靜，如果
不是棒球的緣故，
外界可能只記得紅
葉村是個尋常的布
農族村落、楓紅落
葉的故鄉。

村長胡元金見到球隊成績如此優異，於是向村中募得千餘元，資助
球隊參加台東縣少棒賽，結果一舉奪得冠軍。見到學生的好成績，家長

◆紅葉國小成立棒球隊之初，全校不過六十幾名男生，沒想到幾年後，紅葉國小便在一九六六年的全省
學童棒球賽中一舉奪冠。

態度於是起了變化，由原本的質疑和反對，轉為熱心支持，紅葉少棒隊因此更能無後顧之憂地專心練球，進軍台灣省少棒賽，朝向更高的目標邁進。

一九六六年台灣省第十八屆少年棒球賽中，紅葉少棒隊拋卻一九六五年問鼎失利的情緒一舉奪冠，並在一九六八年再次衛冕，這讓已在東部聲名大噪的紅葉少棒，獲得全台性的知名度。此後各地邀請賽不斷，所到之處無不吸引滿坑滿谷的觀眾，甚至有三家電影公司分別以《紅葉師生情》、《紅葉滿山》、《紅葉棒球隊》為片名，意欲記錄紅葉少棒的奮鬥歷程。而最為日後所矚目的擊敗日本隊的戲碼，也在此年上演。

一九六八年，台灣棒球委員會特別邀請日本關西聯隊抵台訪問，並安排台灣的「垂楊隊」與「紅葉隊」與之交手。首場交手，垂楊隊因為失誤以一分見負，但因實力相近，已讓台灣人對於台灣的棒球實力信心大增，次日出賽的紅葉隊，更是全台引頸期待擊敗日本隊的希望寄託。一九六八年八月廿五日，超過兩萬名的觀眾擠滿台北市棒球場，紅葉與日本隊的比賽正式開打，為了滿足台灣觀眾，台視還現場實況轉播此場賽事。

原本媒體僅樂觀的認為紅葉「應」可擊敗日本隊，然而紅葉隊卻在現場及家家戶戶電視機前觀眾的驚呼聲中，一面倒地以七比〇完封日本隊，紅葉全場不僅擊出兩支全壘打，投手胡武漢的表現更為傑出，完投

◆紅葉國小之所以能完封日本關西聯隊，全憑投出十四次三振的胡武漢，也讓他一夕之間成為台灣的民族大英雄。

七局一共送出十四次三振，僅被擊出兩支安打。接著在廿七日的比賽中，「中華隊」（由垂楊與紅葉組成）則在胡武漢滿貫全

疊打的助威下，以五比一再次獲勝。紅葉與日本關西聯隊兩軍間實力誰強誰弱的爭議，就此塵埃落定。

獲勝後的紅葉隊聲名大噪，長官接見、各界捐款源源不斷，其目的不僅在幫助球員升學、補充設備，更希望紅葉能夠進軍國際，揚威海外。頭號功臣胡武漢更成為人盡皆知的民族英雄。事實上，擊敗世界冠軍的念頭在第一場垂楊國小以一分之差輸給日本隊之後，便在輿論界興起，紅葉擊敗日本隊後，此一想法更形明確，主事者因此開始安排赴日本、菲律賓訪問事宜。

紅葉隊的表現啟發了棒球進軍國際的可能性，少年棒球不再是僅限於島內的競爭，同時也被提升至國際競爭的層次，台灣棒球運動在七○年代狂飆歷程中所激盪出的國族認同，其實就是在紅葉擊敗日本的過程中找到的靈感。次年（一九六九年），這個夢想終在金龍少棒得到世界冠軍後實現，成功地召喚起了台灣人的自信心及對台灣的認同。

但令人好奇的是，奪得世界冠軍的為什麼不是紅葉少棒隊？

一九六八年，紅葉光榮返鄉之後，遭遇的是一連串的機遇錯失，出國比賽、繼續深造的機會，一經放下後也未曾再拾起，由於大多球員家中都有沉重的經濟負擔，使得被允諾的升學機會多半未能兌現。卸下光環後，球員多半提前進入職場，就算繼續升學，棒球訓練也未再持續。當年的十三人，現今應為壯年但卻已泰半凋零，更有數人不幸亡故。

◆位於台東紅葉國小內的棒球文物館外觀。眼前已為人們所淡忘的紅葉傳奇，因為棒球文物館而保留了過去的記憶。它告訴新一代的紅葉棒球手、紅葉村人，父祖的榮耀仍在期待中延續著。

紅葉傳奇的迅起與散落，恰如楓葉在深秋最美時的凋零。導演蕭菊貞在紀錄片《紅葉傳奇》中，以影像述說著過去與現在的紅葉少棒隊員及其下一代，影像所烘托的強大力量不僅感動觀者，也讓抑鬱數十年、個性木訥的隊員江紅輝說出：「我現在終於敢說，我是紅葉隊的了。」這樣的話，紅葉的下一代，也坦然地以父親的表現為傲。

寫下紅葉的事蹟，寫下木棍打石頭、紅葉擊敗紅太陽（日本）的奮鬥歷程，不但指出了台灣棒球邁向七○年代高峰期之前的重要轉折點，更重要的是，「紅葉」撩撥起球迷的心弦，讓人憶想起，台灣人對於棒球的熱情，早在三十幾年前艱困的時代中，曾經是這麼激昂地投入過。

首登巔峰
——金龍少棒與世界冠軍

一九六八年年底，紅葉掀起的棒球熱已在球季遠離後冷卻。此時，台灣在國際舞台的地位日漸險峻，聯合國「排我納共」的表決中，台灣僅以六票險勝。值此之際，台灣正熱烈推動中華文化復興運動，企圖喚起人民對國家的效忠。只是刻意操作的文化運動不免略嫌做作，從而在表象的欣喜中，洩漏出詭譎的氣氛，使得已是滿布煤煙的台北天空，籠罩著陰鬱而厚重的低氣壓。總之，紅葉熱潮在秋季退卻，台灣在內政外交上的冬天便接踵而來。

一九六八年十月，田徑選手紀政在墨西哥奧運奪得銅牌，之後，就是金龍隊問鼎世界少棒冠軍的歷程。正如紅葉效應一般，運動所激起的廣闊迴響，在政治局勢的寒夜中，振奮起台灣人的心。

為充分準備遠東區與世界少棒賽，一九六九年的少棒球季來得特別早。一九六九年二月，第一屆「全國少年棒球錦標賽」在台北揭開序幕。五天的賽期中，面對氣候寒冷、下雨、場地泥濘等挑戰，球員仍舊奮戰不懈，比賽結果在嘉義大同國小奪冠中落幕，落幕後隨即選出十六名中華少年棒球代表隊員，包括投打全能、出身台東，日後在台灣、日本棒壇上嶄露頭角的郭源治。

提前選拔、集訓代表隊無非是為慎重應付首次進軍的遠東區與世界少棒比賽，因此雖然比賽訂定於夏季，但在冬末初春時，中華隊便已整

◆獲勝的剎那，金龍隊員欣喜地擊掌慶賀，同時揭開了台灣棒球另一紀元的序幕。但成行前，小將們除了必需先適應硬式棒球的打法外，甚至成行之初，還需透過民間力量來籌募出國款項，其冠軍路走來實為不易！

裝待發。然而，在此之前，台灣少棒主要以軟式棒球為主，對於國際賽使用的硬式棒球並不熟悉，只能在集訓階段加強對硬式棒球的適應，急就章的訓練結果，讓尚未適應的中華隊在四月份邀請日本少棒代表隊訪台的比賽中慘遭二連敗。媒體報導的標題因此從賽前的「少年棒運前程似錦」，轉為兵敗日本後的「憶念紅葉隊精神」。

為避免悲劇在暑期重演，棒協決定增選一批新球員，同時為即刻適應硬式球，甚至央請航空公司幫忙攜帶硬式球具回台供代表隊練習。總之，增選十四名球員與解決球具問題後，代表隊從五月起開始，在台中進行另一波集訓，散布全省各地的球員，轉學寄讀來到台中投入集訓。直到六月初，藉著三場選拔賽，十四名球員的代表隊正式成軍，台灣也已正式取得世界少年棒球協會的會籍，進軍世界少棒賽已是箭在弦上。

正如同各界在歡送代表隊前往日本比賽時的樂觀預期，中華隊果然接連擊敗關島與日本隊，取得遠東區冠軍及進軍世界少棒的資格。在冠軍賽中，陳智源靠著「變化萬千」變化球、「莫測高深」曲球共祭出十次三振，成為中華隊獲勝的頭號大功臣，同時也博得「魔手」的稱號。

返抵家門的中華隊，不僅受到台灣上下熱烈歡迎，同時也開始積極備戰，準備進軍世界少棒賽舉辦地──威廉波特（Williamsport），然而抵達鄰近的日本並不是件困難的事，若要飛越太平洋前往美國參賽，首先便面臨財務的窘境。為此，不僅企業、政黨與社團的捐款接踵而來，合作金庫甚至成立專戶接受民間捐款，電影院則以義演方式籌募旅費，有的學校甚至一元、兩元地籌募捐款，動員民眾共襄盛舉。最後各界捐款高達一百七十萬元。滿懷台灣人期待的中華少棒隊，在八月順利動身前往美國。

儘管中華隊在遠東區少棒賽表現不凡，媒體認為中華隊奪得世界冠軍的機會頗高，然而，面對這趟從未有過的漫長旅程，謝國城理事長不免也擔心地說：「這不是簡單的旅程，我的肩膀很重，心情更重。」所幸，僑民的熱情與生活上的照料，令初抵美國的中華隊即刻適應了生活和練球的節奏。

◆ 國旗、冠軍隊員、冠軍旗幟構成的照片在七○年代三冠王時期，少說也有幾十張，但金龍少棒隊的這一張留影卻是全台灣的第一張。

◆威廉波特球場的外野觀眾席以草地鋪設而成，完全一派輕鬆自在，顯示美國民眾是將運動當作日常休閒看待。但對中華民國而言，棒球運動卻是國家的榮耀與民族激情的延展，相對也影響了棒球運動的意義。

大賽於八月廿日開始，共有八支勁旅競逐冠軍獎盃。中華隊首場遭遇的是加拿大隊，中華隊在世界盃關鍵性的第一戰，便經歷了兩度延長，創下了比賽局數高達十二局、時間長達三小時的少棒史紀錄。比賽結果中華隊在十二局連下五城，並在陳智源獨撐十二局、投出廿六次三振的情形下，以五比〇獲勝。次役，應戰美北隊，中華隊在驚險中以四比三，一分險勝，取得決賽資格。這時場內敲鑼打鼓的僑胞不僅欣喜落淚，甚至衝進場內親吻小球員，同時，各界賀電蜂擁而至，媒體並提供第一手的資訊，開放電話查詢或在報社張貼快訊以應全台民眾的關心。

緊接而來的冠軍賽是對上美西隊。休息一場球賽後的陳智源以犀利的變化球，完投完封全場，投出十一次三振，中華隊以六支安打、配合著積極跑壘攻得五分。五比〇，首次進軍世界盃的中華隊，竟以初生之犢不畏虎的勇氣奪得冠軍！而緊守在收音機前收聽中廣立即實況轉播的全國民眾，在美西隊最後一個人次出局後，又叫又跳，激動不已，此起彼落的鞭炮聲不斷，震破半夜的寂靜。

中華隊在參訪白宮、暢遊迪士尼樂園之後返台，其間過境停留夏威夷與日本。在夏威夷則發生了小球員認為此次赴美中最「恐怖」的事情，那是因為年輕小球員面對草群舞女郎獻花獻吻時，相當害羞而驚恐，郭源治甚至一邊躲一邊「咯！咯！」地笑著，經歷此事後的小球員一致表示，以後不會愛女生了！可見這些球員的天真爛漫。

勝利後的參訪當然輕鬆有趣，回到家的行囊裡還塞滿在日

◆中華小將在獲得世界冠軍後與最高元首的合影，這種場面通常是世界冠軍戲碼的最後高潮。

本買的玩具。而不用說,在台灣迎接世界冠軍的陣仗早已排開,據估計,九月八日中華隊初返家門時,參與機場歡迎與台北市大遊行的民眾就有五十萬,看到飛機旁密密麻麻的人群,球員甚至頑皮地說:「這下我們慘了!」之後球員們搭乘吉普車遊行,沿途受到民眾夾道歡迎,一位負責維持交通的警察還說:「當年凌波來的時候,場面還不及今日的一半呢!」在台中,甚至上演四十萬人冒雨相迎的場面。

　　少棒隊球員一行隨後獲得蔣介石總統伉儷親自接見嘉許。其後參訪、接見與表演賽行程不斷,甚至還遠赴金門。這樣的瘋狂表現直到九月中旬,球員到那時可說已累壞了,直到媒體呼籲「讓金龍隊休息」,以及球員確定集體進入華興中學就讀後,令台灣為之瘋狂的世界少棒冠軍熱才慢慢冷卻下來。

　　一九六九年金龍少棒隊的世界盃之旅雖就此畫下句點,卻同時也為七○年代三級棒球冠軍熱潮預作了演練。操持著簡陋球具而毫不懈怠練習的球員,不但讓我們看到台灣棒球走向冠軍的艱辛歷程,也讓我們了解個人生命史與時代之間的相互關係。正如〈中華少年棒球隊的啟示〉此一報導文章中所說的,「棒球隊的表現,對於陶鑄國家民族意識是非常有效的途徑。」這句評論,說明了運動與政治在台灣七○年代棒球黃金期中的特殊關係。

◆中華少棒隊的奪冠使商人看到了無限商機,許多商品紛紛以「金龍」或加上「冠」字為名,彼時棒球熱與商業的結合成了台灣經濟日趨活絡的重要特徵。

「台中金龍」與金龍國小?

　　綜觀金龍、七虎與巨人等隊名,大家一定覺得七○年代台灣少棒隊的取名都是相當響亮的,彷彿像是在與當時黃俊雄布袋戲人物的名稱互別苗頭似的。有趣的是,按照國際少棒組隊規則的規定,少棒隊應以社區球隊為組隊原則,因此台中金龍隊理應是組自台中金龍國小,巨人隊也一定來自巨人國小,七虎隊則為七虎國小出身。然而,直至今日,台中市都並未有過「金龍國小」。這要詳細審閱當時報章後才能發現,金龍隊的稱號其實在截至獲得遠東區冠軍為止,尚不被稱為金龍,這是由於在此之前,金龍隊根本就是由全台各地菁英所組織的中華代表隊,所以沒有金龍國小,也就不足為奇了。

七○年代的瘋狂球迷

　　沿繩而下、攀牆而上，他們的身手猶如特種部隊，但攻陷的目標不是敵軍的陣地，而是進入棒球場解解球癮。事實上，精彩的球賽除了出色球技外，若沒有如癡如狂的球迷，是不足以成就台灣棒球熱潮的。在今天，足令我們印象深刻的是，看台上起起落落的兄弟象迷所湧起的金黃色波浪，由遠而近排山倒海而來。這種激動不為現代所獨有，回顧七○年代的台灣棒球史，瘋狂的球迷實為不應缺漏的主角。

　　一般而言，早期球場場內與場外（觀眾席）的關係，不像今日如此區分絕對，有時球員、球場與觀眾的距離，也不為有形的圍牆所隔絕，例如一九六八年嘉義垂楊隊與日本隊的對戰，吸引了滿場的觀眾觀戰，許多人從圍牆上跳入場內，使得維持秩序的警方大傷腦筋捉不勝捉。換言之，球員與觀眾的距離是隨著球賽的激烈程度而改變的，球賽越激烈，觀眾便不自覺的圍攻上來，瘋狂的球迷如同想攻占球場一般，而球場中球員與觀眾的距離，真的就像親友般接近。

　　當然，這些球迷對於比賽的影響也就隨著球迷的心情與行為而定。一九七一年亞洲盃少棒賽首次在台灣舉行，比賽現場不僅擠滿熱情的觀眾，主辦單位還發現球員休息室中竟時而出現熱心的「不明人士」。一

◆原屬於球員休息用的遮棚，站滿了注意場上動態的球迷，早期的球迷與球員、球場的距離便是如此接近，觀眾出入球場是極為容易的事。

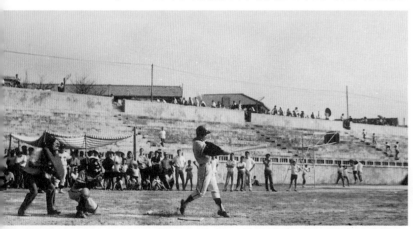

九七一年「台南巨人隊」赴美國比賽前夕，移師到台北三重某國小受訓，起初僅是操場四周教室擠滿了觀眾，後來觀眾愈聚愈多，從而將操場團團圍住，讓小球員完全無從施

◆ 眼前所見不是職棒的盛況。早在七○年代，台灣舉行了數次遠東區選拔賽，球迷們早就習慣臨危不亂的坐在最危險的地方看球，對他們而言，最危險的地方不一定最安全，但一定是最能掌握球場動態的地方。

展身手。面對此情形，有時現場裁判、員警還得充當糾察隊維持現場秩序，更有甚者，還曾出現警備總部派出副參謀長親臨球場監督的情景。因此媒體戲稱民眾「看球如進香」一般。一九七○年年初，正是台灣剛拿下第一座世界冠軍的不久後，台北球場的一場少棒賽，竟湧入四萬名觀眾，觀眾一波波地向前湧，想想這種驚人的境況，就不難想像當時棒球風行的程度。

最激情的場面，當推一九七一年的南區少棒選拔賽。由於當時台灣已連續兩度進軍世界少棒賽舉辦地威廉波特，因此，能在台灣少棒賽中脫穎而出，就好像獲得了世界少棒的入場券一般，所以球員拼鬥的激烈程度、觀眾投入的激情也就不難想像。

由於當時南區球隊實力較為強盛，但卻只有兩個名額可供進入總決賽，因此，當預賽中被視為奪冠熱門的南縣與南市交手時，一場如同暴動般的場景便在球場中上演。

兩隊原訂在四月廿五日交手，比賽之前，球場已湧進爆滿觀眾，然而想要觀賽的觀眾卻仍不斷增加，急中生智的人使用堆高的踏板攀上圍

◆ 早期的球場並無高牆圍欄隔絕，群眾觀球距離太近，不僅球員安全堪慮，球迷有時過於情緒性的行為，也常會干擾到球賽的進行。

牆看球，無計可施的人只好奮勇擠破棒球場的左右外野邊門，爬牆、破窗而入。人群像浪潮般湧進球場，警察不但抵擋不住，甚至身陷滿坑滿

谷的觀眾中，無從抽身。部分球迷如同訓練有素的特種部隊一般，用繩子攀緣而入；球場附近出現四、五具「出租」的越牆高梯，每人次二元；還有奮不顧身的球迷硬是從司令台後側的鐵欄杆處冒險攀爬鐵條而上，有七名觀眾因此被警察逮捕並罰款九十元後遣回。由於場面失控，開賽時間一再延遲，讓看台上與球場中的球迷感到不耐，齊呼退票並大擲廢棄物、汽水罐進入球場。現場噪音與哨音不絕於耳，場地設備也被嚴重破壞，最終大會只好決定延賽八日，選定於非假日以避開人潮。八天後，主辦單位雖然嚴格管制現場，但告假趕來看球的觀眾仍達一萬五千人之多。

一般而言，在八○年代之後，球場管理與設施的安排，已經清楚地區隔出觀眾與球員的表現空間，喧賓奪主的機會變少了。現在的球迷，除了正常地貢獻掌聲、噓聲、加油吶喊聲之外，頂多會憤怒地用瓶瓶罐罐為球員或裁判「打氣」。但在過去，球迷的快樂與憤怒都直接許多。有的球迷不知如何表現出對球員的支持，只好「現金較實在」地丟錢進場，除了有錢出錢、有力出力之外，有物也可以出物，所以舉凡是「仙草冰水」、「土雞」、「碗粿」、「衣服」等等，都曾是球迷貢獻給球員的獻禮，這種加油法，真是很後現代。不過一旦讓球迷憤怒，那麼大家的表現就不只如此而已了。一九七○年春節四強少棒賽的冠軍隊「龍山國小」，在第一屆太子龍盃少棒賽中不幸落敗失去晉級機會時，教練竟被家長、觀眾指謫不可以坐車，要用走的回家。正如同三十年前媒體中關於「後援會」的報導一般，台灣球迷真的是「可愛兼可惡」。

當時台灣的棒球場設備雖然都不太稱頭，但卻絲毫無損於球賽的熱力。觀眾在棒球場中的熱情，就如同參與嘉年華會一般，是尋找一個解放的空間，暫時放下種種的社會階級與規範羈絆，並藉著如此深刻地投入，抒解現實上的挑戰。

◆五十萬人上街頭！不是示威、遊行與學運的場面，而是迎接少棒冠軍隊的凱旋。單是棒球，就能激起如此激昂的人心，塞滿了街道的群眾，只為了目睹心目中的英雄。

一九七四
──世界棒球「三冠王」

　　自從一九六九年金龍少棒隊奪得世界冠軍後，台灣的少棒隊可說年年直搗世界少棒冠軍大賽的會場，金龍之後是一九七〇年的「七虎隊」，七虎之後為一九七一年的「巨人隊」，台灣少棒進軍威廉波特已如家常便飯一般。這讓台灣少棒隊攜帶到美國的「大同電鍋」也不必急著帶回，都委由華僑保管，以備第二年繼續使用。

　　的確，一九七四年代表台灣的高雄「立德少棒隊」再一次來到中華隊熟悉的威廉波特時，專家早就預估立德隊「實力無可匹敵」。結果正如專家所預期，三場比賽下來立德隊得到三十九分、失一分，三連勝得到冠軍。獲勝的頭號功臣，首推三場比賽擊出四支全壘打、兩場比賽投出二十八次三振的林文祥。因為台灣和他國實力如此懸殊，

◆一九七四年台灣奪得第一個三冠王，高雄立德少棒隊為當屆冠軍，高雄棒球場因此更名為「立德棒球場」，在其左外野入口處，有一尊打擊姿勢的塑像，乃為慶祝立德少棒隊的榮耀而立。

因此有人戲言，就算以全國選拔賽中獲得「精神獎」的金門金城隊應戰，台灣應仍是游刃有餘。總之，這年的少棒冠軍得的一點也不意外，但特別令人喜悅、激發人心的是台灣的青少棒與青棒，亦同樣有亮眼的演出。

　　七〇年代的棒球熱是從少棒開始萌芽，自然而然地，隨著少棒球員

的成長，台灣的棒球實力也逐漸向青少棒、青棒等領域發展。棒球在金龍、七虎、巨人等少棒球員畢業後，繼續升學打球的情形下，另一波以青少棒為主的棒球熱潮便隨之而來。一九七二、一九七三年由美和、華興青少棒為主體的「中華青少棒隊」，便連續為台灣摘下世界青少棒冠軍的榮銜。

一九七四年八月中，由曾紀恩教練所領軍的中華青少棒隊，連續第三年進軍在美國舉辦的世界青少棒賽。這支陣中擁有徐生明、李居明、

◆「棒球先生」李居明（圖中立者），曾分別在三級棒球階段，代表台灣棒球隊問鼎世界冠軍，為台灣棒壇史上之第一人。

黃廣琪等名將的勁旅，果然展現了衛冕者的實力，在賽程還在進行之際，美國媒體早就認定台灣穩獲冠軍。在冠軍賽前夕仍然輕鬆上街購物的球員們，在次日的比賽中以五比一擊敗「美南隊」，完成三連霸。

於此同時，「中華青棒隊」在羅德岱堡（Lauderdale）的青棒比賽中，也出乎意料之外的一路順遂。

一九七四年之前，台灣青棒從未試圖問鼎世界冠軍，而且在一九七四年夏天選拔代表隊前，台灣人因為青棒球員的體型與體能遠遜於歐美球員，因此對青棒隊的寄望並不是太高。甚至連辛辛那提紅人隊的球探豪森（Edwin Howsam）來台觀察青棒選拔賽時，都曾指出青棒球員跑壘速度太慢了，不足與外國球員抗衡。

因此對在世界少棒與青少棒已經站穩腳步的台灣而言，世界青棒的桂冠，在一九七四年的時候，應是個不確定的問號。即便中華青棒隊在出征前夕已二度擊敗來訪的貝比魯斯棒球隊，但出征時，台灣人仍然認為「中華青棒代表隊懷著姑且一試的心情踏上征途」。

當然，誰也沒有料想到，八月十二日青棒隊在世界盃「初登板」

時，備受矚目的投手高
英傑就投出了十三次三
振，終場以五比〇擊敗
波多黎各，比賽的結果
正如媒體下的標題：
「一鳴驚人」。這一戰為
青棒隊打下自信心，原
先忐忑不安的心情，在

◆台灣囊獲少年、
青少年、青年三級
棒球的世界冠軍多
達三次，已是一項
無從超越的世界記
錄。第一次的三級
棒球世界冠軍，以
發行郵票的方式紀
念，也象徵著官方
對於當時棒球運動
的重視。

以十一比〇擊敗加拿大後，更加篤定。此後，雖然贏得驚險，但中華隊
還是史無前例的囊獲第一座青棒世界冠軍盃。

　　青少棒與青棒隊奪得冠軍之後，即刻在八月下旬與少棒隊「會師」
威廉波特，等著進攻最後的堡壘，待少棒奪取勝利後一同凱旋歸國。對
台灣而言，最後的戰役是最輕鬆的一關，台灣棒球史上史無前例的「三
冠王」就這樣手到擒來。

　　三支球隊返國後所受到的歡迎，一如往常熱烈，一股三冠王熱潮也
由此迅速點燃。除了官方行禮如儀的接見之外，民眾的熱情也在八月廿
六日的返國遊行中表露無遺。

　　三冠王熱潮也席捲到了商業市場，例如希爾頓飯店看準了三冠頭銜
的宣傳魅力，特別將三樓的「明星廳」改為「三冠廳」，並由三支球隊
的王牌投手高英傑、徐生明、林文祥親自掛牌。外商SONY則是眼光
銳利地繼幾年前的「金龍」電視後，以三冠為名，發行限量五百台的

◆棒球熱的高潮亦
有高低起伏。早期
的棒球運動總是與
國家民族的榮耀互
為表裡，而不過幾
年，郵票背景中的
十大建設，便已說
明在經濟發展下，
台灣社會的聚焦點
已悄然改變了。

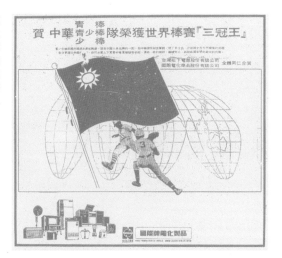

◆正當金龍少棒的商機熱略呈疲乏之際，三冠王的榮銜再掀棒球商機新熱潮。但是接下去的二次奪冠，對民眾的吸引力已不若以往了。

「三冠」電視機，其他「沾光」冠上「三冠」、「冠軍」等頭銜的商品，更是不計其數，足見「三冠」的行銷熱力頗有勢不可擋之姿。總之，「三冠王」是一九七四年的夏天，所有居住在台灣島上的人，共同擁有的記憶與甜蜜。

　　整個七〇年代，台灣一共奪得三次「三冠王」，但因為猶如家常便飯一般，民眾熱度遂日趨冷淡。一九七八年台灣又奪得了一次「三冠王」，但此時棒球作為喚起民眾向心力的吸引力已不若以往。此外，「十大建設」與出口經濟的榮景，為台灣人找尋到了另一個自信心的憑藉，當一九七八年以「三冠王」為名發行郵票時，十大建設的背景已喧賓奪主地壓過郵票中揮棒的人物。「三冠王」的意義與熱度已不可同日而語。

　　整個七〇年代「三冠王」在台灣棒球史上的定位，固然有分屬於政治的與民眾的不同意義，然而，當我們將郭源治、李來發、高英傑、劉秋農、楊清瓏、徐生明、李居明等日後在八〇年代揚威國際成棒舞台的名字，放在七〇年代少棒、青少棒與青棒的三冠王經驗中檢視時，才會發現，所有為「三冠王」目標而奮鬥的球員，無論成功或失敗，都已是下一階段台灣棒球發展的主力，七〇年代的「三冠王」霸業，實在是八〇年代成棒旋風的奠基石。

球場外的戰爭

　　有人真的相信「體育歸體育、政治歸政治」這句常被政治人物掛在嘴邊的話嗎？台灣棒球熱的興起，固然源於少棒隊員的優異表現，進而連帶激發台灣人對自己家鄉的向心力，然而，若翻閱陳舊的政府檔案，還是可以赫然發現在台灣棒球熱興起過程中，政府相關部門進行的刻意運作，從而令人不得不評估棒球熱與政府運作間的關係。事實上，棒球的熱戰不僅存在球場內，更波及到觀眾席及外交的戰場上，政治角力從棒球開始如火如荼地拉開序幕。

◆ 一九六九年在美國舉辦的世界少棒賽中，支持國民政府的僑民正帶著激動情緒揮舞著國旗，一方面為場上的球員加油，一方面也與台獨團體的旗幟及加油聲，分庭抗禮。

　　一九六九年夏天，金龍少棒前往美國問鼎世界冠軍之際，正值政府外交接連挫敗、中共國際地位大幅提升的關鍵年代。再者，海外台灣獨立理念與運動的挑戰，更令台灣官方芒刺在背。果不其然，金龍少棒出賽時，觀眾席上的台獨團體讓政府大感錯愕，高舉「台灣不是中國」標語的台獨人士與「愛國青年」也發生了衝突，台獨團體醒目的白底紅字大型標語與旗幟，讓中華民國政府難堪到極點。

　　因此，一九七○年七虎少棒前往美國衛冕冠軍前，宣傳國威與防制台獨的工作，早已暗地喧騰許久。首先，外交部駐美人員接獲情報，獲悉在美的台獨團體，正準備前往球場宣揚台灣獨立理念，因此密電外交部提出幾項因應之道，其中包括聯繫僑社青壯年組成的「安良公會」、留學生前往球場加油，而在一九七二年則湊巧有前往美國訪問的海軍士兵集體赴球場加油打氣，此些人士皆與政府配合，嚴加注意台獨團體的動向。

◆台灣獨立聯盟為了讓自己的訴求尋求「更高的能見度」，因此由張燦鍙出主意，租用民航小飛機掛著「台灣獨立萬歲 GO GO TAIWAN」的布條，飛過球場上空，出奇不意達成台獨聯盟史上最具創意、最具效果的宣傳，據聞一心防杜台獨的國民黨僑社人員，因此而驚呼「台獨也有空軍！」

雙方有備而來的結果，在一九七一、七二年繼續造成兩次衝突，台獨聯盟的魏瑞明因此表示為了防身他還曾教授台灣同鄉學習柔道。此後，雙方的衝突因為州警以直昇機驅散雙方、動員優勢警力並強制沒收木棍等措施而漸平息。

此外，為打擊台獨團體、宣傳中華民國，駐美人員建議由台灣訂製四面大國旗以供加油之用，並製作小國旗五萬支於現場免費發放，企圖透過旗海戰術，「嚇阻特殊份子之不良意圖」。有趣的是，經過政府慎重擬定，反覆公文往返而定案的旗幟標語也不過只是：「中華必勝！衛冕必成！」、「中華少棒！棒！棒！！棒！！！」、「TIGERS！HOME RUNNERS！」。

再者，由於一九六九年金龍少棒出賽的轉播曾將台獨團體帶入畫面，因此外交部亦建議一九七〇年台灣電視公司必須派遣高層人員，指導負責球賽轉播的美國電視公司現場人員，「絕對避免拍攝台獨蠢動鏡頭」。

海外僑社在呈送給政府單位的文件中，甚至直陳必要時會在現場對台獨人士予以重懲。

此一對峙態勢，隨著台灣少棒隊幾乎固定每年前往美國比賽而愈演愈烈，形成動員的競爭。原本自費前往球場的觀眾，因為動員迫切，最終連交通與餐飲費都由政府籌措，以鼓勵僑民與留學生前往助陣。

可想見的是，精彩的球賽、滿場的旗海飄揚，果真鼓動了前往加油觀眾的愛國情緒，望著升國旗與唱國歌的場面，「鮮不熱淚滿襟，情難自禁，實為我愛國家、愛民族之最高表現。」論者更指出，球場觀眾團結一致的局面，更可大幅提升台灣的國際形象。

當然，政府安排車輛前往球場加油人士也是希望球隊勝利而能帶給台灣榮耀，但我們也必須知道，當時包括交通、加油設備等大小事務的張羅，背後都有一個隱藏的身影。

　　由於少棒隊肩負宣傳國威的任務，因此無論是榮登冠軍的金龍、巨人，或是得到遠東區冠軍但卻在世界冠軍賽中鎩羽而歸的七虎，只要球賽一結束，球隊即刻啟程轉往美國主要僑社，展開宣慰僑胞的行程。目

的皆在提升中華民國於國際上的能見度，同時拉攏海外僑社的支持，防止僑民轉向支持中共。

　　事實上，七○年代不流行棒球運動的中國，也曾運用棒球外交試圖打擊中華民國。對於中共而言，乒乓外交已為中國敲開通往美國的大門。因此，一九七四年七月，中國再次表態邀請日本早稻田大學與慶應大學棒球隊到中國訪問，由於中國的棒球運動並不流行，因此據稱主辦單位打算在足球場或在學校操場進行比賽。

　　消息傳出後，台灣極為震驚，因此運用校友會關係勸阻早稻田大學與慶應大學隊訪問中國，從日治時期到戰後均曾訪問台灣的兩校，因顧及雙方棒球界交情，因而拒絕中國的邀請；同時，全國棒協也決定由棒球協會與政府共同負擔經費，邀請早稻田與慶應等校訪台。

　　中共後來又另覓他法，不興打棒球的中國竟然心生參加亞洲盃成棒

◆ 相較於台灣獨立聯盟，支持國民政府的人則以「GO GO CHINA」的標語與之抗衡，但無論是「TAIWAN」或「CHINA」的政治見解分歧，大家都一心希望場上的台灣「囝仔」能夠得到好成績。

◆國民政府於場外的戰場不只是要和台獨對抗，還有與中共的交手，「美中反共愛國」的標語，因此張起了另一面台、美、中關係的複雜系譜。

賽的念頭，而目的是希望亞洲棒球協會「納共」，並且排除台灣的會籍。在一九七四年，中國甚至聯合古巴等共產陣營國家，申請加入「世界業餘棒球聯盟」，動機亦是欲排除台灣的加入。對岸的挑戰接續而來，而台灣則以「運動不應涉及政治」等原則作為反擊之理由，並依憑著充沛的棒球界人脈，屢屢化險為夷。

七○年代台灣的棒球發展，除了競爭激烈的球賽外，政治理念與體育活動的交相牽涉，亦交織成一幅複雜而多面向的棒球圖像。它振奮了人心，帶來了激情，但析理出潦草的政府檔案時，我們卻也發現，同舟共濟的揮舞旗幟、滿場熱血沸騰的背後，總是伴隨著政治動作上的主動出擊或者被動防禦。

官方的檔案雖然充滿了政治色彩的算計，但從檔案的字裡行間，我們還是可以嗅到溫馨的氣息。例如，他們曾經擔心球員吃不慣美國食物，細心的建議隨隊攜帶「大同電鍋」，或者勸告球員及早適應美國食物，甚且利用簡單的食材因陋就簡的煮著「洋味中食」，深怕球員吃不好，沒體力打球。他們也曾開著近十小時的車，途經上千公里的跋涉，不外是讓小球員們知道，異鄉，也有鄉親同在。

即便是海外反對運動人士，他們的示威也只是針對著國民政府缺乏自由民主精神而來，而不是我們的棒球隊，在球場上，他們同樣為在海外揚眉吐氣的台灣人加油。他們不是鬧場，也不是暴徒，他們只是帶著不同的政治理念、用不同的方式，一起祝福台灣的棒球。

球場或許無法絕對地脫離政治力的影響，然而，政權或許會因為時代的變遷而流變，但純粹人性與棒球的交會，卻是台灣棒球精神的永恆存在。

驚鴻一瞥的棒球娘子軍

印象中，女性打棒球不過是童年時與玩伴在街道上的接傳球、練打擊，談不上什麼正式的訓練與比賽，對於多數女性的成長歷程而言，打棒球這檔事，不過是插曲式的浮光掠影，隨著年歲的增長，便成了記憶。

然而，在特定的社會情境中，女性成為正式的棒球球員，也曾經真實地出現在歷史舞台上。一九四二年美國正式參與二次世界大戰，由於大聯盟球員紛紛投身軍旅、遠赴戰場，美國職棒也隨即停擺。為了照顧棒球迷，大聯盟便將目光移向女性，成立了女子棒球聯盟。由湯姆漢克、吉娜黛維絲、瑪丹娜等人所主演的電影《紅粉聯盟》，敘述的便是這段一九四三到一九五二年的美國女性職棒故事。

在台灣，少數的女子棒球比賽，大體如一九六六年的日本「撒隆巴斯隊」訪台一般，雖然引起眾人注目，但畢竟是過客，非但不出自女性的自我意識，甚至連比賽對象皆多為台灣男性。但有趣的是，在七〇年曾有一段女子棒球史，雖然比賽規模不及《紅粉聯盟》的程度，但在「女兒也當自強」的政治口號中，成為輔助搖危政治局勢的嘗試之舉。

一九七四年，世界少棒聯盟為了回應日漸高漲的女性平權訴求，首次舉行女子少棒賽，對於當年度才獲得「三冠王」的台灣而言，囊獲新增的女子少棒冠軍，似乎是另一個彰顯台灣榮耀的手段。因此，包括新竹東門、台中太平、彰化田中、彰化南郭、嘉義林森、台東新生、南市海東、高市鼓岩等八支國小女子少棒隊，在訓練尚不到一百天的情形下，便於一九七四年十二月廿五日倉促參加在台中舉辦的首屆台灣女子少年棒球賽。開幕當天省政府主席謝東閔致詞時，特別期許女子少棒也

平心靜氣看女少棒賽　本報記者沈珠妮

◆對於男性觀點下女子少棒賽的漏接、臂力不足的現象，似應以「平心靜氣看女少棒賽」的態度重新對待。

能承繼男子少棒的榮耀，揚威國際，表達出舉辦女子棒球賽的期望。同時，女子少棒賽，在當時雖非絕後，但卻屬空前，因此台視還曾慎重其事地進行彩色實況轉播。

女子少棒比賽規則，原則上採取男子少棒規定，但受限於生理的限制，全壘打牆縮短三十五呎。即便如此，賽前媒體對於女子棒球並未有太多的期待，甚至指陳女子棒球必定有一特色——失誤多。

◆高雄市鼓岩國小為一九七四年女子少棒賽的亞軍，當時棒球隊時興以遊街方式進行宣傳，比賽時值聖誕節，連聖誕老人也入列助陣。

果不其然，由於女性的臂力、速度等生理條件不若男性，因此，女生打棒球，特別容易形成安打；同時女孩子腳步較慢，不容易接到球，許多高飛必死球往往形成安打。雖然女生腳步慢，但只要能上壘，盜壘往往如入無人之地，因此很容易得分。從而也說明女生臂力不足，對捕手牽制能力所造成的影響。

而在守備方面，球員傳球接不住或者球傳出界外，也常常造成跑者順利進壘或得分。另一種特殊情形，就是投手投球常常投到打擊者背後，形成捕手無法接住的離譜暴投。看慣了男生打棒球的觀眾，自然會對女子棒球比賽的技巧表現大感無趣，但荒誕的演出卻往往引得觀眾哈哈大笑，認為女子棒球的趣味性很高。

觀眾的反應，雖然讓人覺得女子棒球賽荒腔走板，僅在搏君一笑，但令人驚訝的是，賽前媒體預估女子棒球賽不可能擊出全壘打的斷言，竟在開賽當天便遭到粉碎。彰化南郭國小林翠蘋、台東新生國小林秋敏、南市海東國小金璐瑜等三位女生，就分別在預賽擊出全壘打，跌破媒體、專家們的眼鏡。不僅如此，新生國小在預賽的延長加賽中，由邱富美擊出的再見安打，讓田中國小以十三比十二一分飲恨，更讓人直呼過癮。

同時，女子棒球員中也有人具有明星球員的架式。海東國小的金璐瑜不僅擊出全壘打，在準決賽時對上南郭國小，面對上場打擊的十四人次中，有十人次遭到金璐瑜的三振。且由於她的投球基本動作較為男性化，高壓式的快速球中規中矩，因此，冠軍賽對上

◆在少棒熱潮中，海東國小是台南市的幾個強隊之一，如一九七三年世界少棒冠軍隊中的王清權便是來自此校。海東國小的女子少棒隊也在首屆女子少棒賽中得到冠軍，只是如今棒球風氣已不再，就連當年的資料、場景都已很難追尋。

高市的鼓岩國小時，再由她披掛上陣，總計在冠軍賽中共投出五次三振，最後，海東國小以十七比三，提前在第五局擊敗鼓岩國小獲得冠軍，而金璐瑜則獲得功勞獎。第一屆的「台灣省女子少棒邀請賽」，便在金璐瑜的精彩表現中落幕。

台灣棒球與社會或政治意義關係太過緊密的畸形發展，往往忽略了少年棒球所應培養的運動精神，換來了國際間「求勝心太強」的批評，而此種背負政治使命的「求勝心」，也同樣成為女子棒球賽的窠臼。

從另一方面看，一九七四年當日的賽場上，或許觀眾以看戲的心態，嘲笑球場上的女子棒球員。然而，也必須設想，如果調整壘間的距離，將之與女生生理特質相呼應，失誤會頻傳嗎？女子棒球盜壘阻殺率過低，不正代表著壘間距離與女子臂力的不對稱性嗎？

因此，重新回顧女子棒球隊這段歷史來反省女權問題。女子棒球的本質，既不必隨著政治的操作而起舞，更不應受限於男性觀點所設計的運動規則。誠如一九四三到一九五二年美國女性棒球聯盟賽的啟發一般，女子棒球員的運動生涯因著美國大聯盟的復甦而告結束，但對這群曇花一現的女性球員而言，團隊的合作、求勝的毅力，早已內化為生命特質，棒球如同一場儀式，開啟了生命意義的探求與實踐。

棒球員在場上的奮戰，並不因性別而有所差異，激烈的球賽中，失敗的痛苦與勝利的喜悅，促使女生更容易因激動而落淚，這不是觀眾嘲諷的花絮，而是女子棒球的感性特質。女性應繼續參與棒球，打出具有女性特質的棒球比賽。

南美和與北華興

如果說七〇年代台灣棒球熱是由紅葉、金龍少棒領銜激起,那麼進一步擴大此效應的無非是讓實力堅強的少棒球員,繼續在青少棒、青棒階段發揮,從棒球術語來談,就是「三級棒球」制度的建構。由於金龍少棒奪冠過程所激發的人民向心力,使得老百姓對於棒球活動益加關切,對於政府而言,基於「民心可用」的心態,推廣棒球運動對於國民團結的效果自不待言。因此,積極推動三級棒球的建構也始自於金龍少棒奪冠的一九六九年。

◆許多前往華興中學就讀的棒球好手,多抱著前往「蔣夫人的學校」就讀的心情,這也是華興中學棒球隊之所以強盛的重要誘因。原本這樣的照片多半是正襟危坐、相當刻板,唯獨此幅不同,側身的蔣宋美齡、眼睛朝四面八方望去的球員,讓這張圖像格外地鮮活。

在此之前,台灣青少棒、青棒也有些傳統強隊,例如六信與南英、開南等校,但此些學校多半有各自的傳統與地域性的特質,與七〇年代刻意栽培並以問鼎世界冠軍為目的青棒、青少棒隊略有差異。而此些七〇年代新興的青少棒與青棒隊正像是幾股割據勢力,形成個別地盤,從而勾勒出棒球與區域地理間的聯繫。「南美和、北華興」像極了武俠小說的少林與武當,不僅獨霸一方,同時還彼此爭奪武林盟主的至尊地位,所不同的僅是棒球員的最高目標,不是武林盟主,而是跨海東渡,爭奪夢想中的最高境界——世界冠軍。

一九六九年金龍少棒凱旋回國後,原本打算讓球員各自解散。然而本著三個月來培養的親密情感,小球員並不希望就此分離。金龍少棒隊為此上書總統,提出:「一齊讀書、一齊住食、一齊練球,能夠更進一步為國服務,不負總統和夫人的殷望。」的請求,經過棒協及有關人士奔走後,決定安排球員進入蔣宋美齡創辦的華興中學就讀,以便於集中訓練,球隊則交由已故的方水泉教練督軍。華興中學為此甚至興建新運

動場以供球員練球。

　　擁有世界冠軍身手的少棒球員，進入青少棒之後威力依舊，在一九七三年取得世界青少棒冠軍。日後台灣棒壇出類拔萃者，如揚威海外的郭源治、陳大豐、呂明賜，縱橫國內職棒的謝長亨、林朝煌等人，以及作育英才的林華韋、葉志仙教練，都是七〇年代華興出身的球員。

◆陣容整齊的華興中學，在方水泉等教練的指導下，分別於一九七三、一九七七年得到世界青少棒冠軍，及一九七五年的世界青棒冠軍。

　　華興想要逐步建立在台灣的棒球霸權時，南部的球隊卻讓他們面臨嚴重的挑戰，他們在南部的對手美和隊，一九七二年便曾在台灣的選拔賽中擊敗過華興，進而史無前例的獲得世界青少棒冠軍。

　　說起美和棒球隊的成軍方式，可說相當特別。美和中學創辦人徐傍興博士及李瑞昌、徐福興、廖丙熔先生等人，為響應棒球熱，於一九七〇年舉辦高屏地區客家六堆少棒賽，計畫選拔優秀球員以成立青少棒隊。但因六堆地區多為客家族群，因此美和棒球隊的成立，實將棒球運動賦予區域與族群性的意義。成軍之後的球員，包括當時的曾紀恩、宋宦勳、李瑞麟等教練，以及徐生明、曾貴章等皆為客家子弟。而今，美和棒球隊尚以客家人的「硬頸」精神自詡，因此已故的美

◆華興中學隊員在史培曼堂（華興中學的餐廳）前的留影。當時華興中學名將如林，如劉秋農、林華韋、李聰智、葉志仙、郭源治等選手皆在陣中，日後並成為中華成棒在一九八〇年代，揚威國際的重要憑藉。

和棒球隊創辦人之一的李瑞昌醫師公子李健文便曾說，美和隊總是經常在延長賽中取勝。

◆七○年代三級棒球冠軍選手有著打棒球之外的一項共同經驗，即乘坐著吉普車穿過數以萬計的群眾來接受他們的歡呼。有吉普車的助陣，遊行看來更為雄壯氣昂。

一九七○年時，台灣七虎少棒因並未衛冕世界冠軍，球員也就無法進入華興就讀，美和於是吸收其中八人加入他們的青少棒隊。雖然日後因挖角風盛行，七虎八將多數轉至他隊，然而透過補強了江仲豪、楊清瓏、徐生明、李居明、趙士強等優秀選手，一時之間美和青少棒兵多將廣，成立了兩支球隊，分別由曾紀恩與宋宦勳帶領，迅速成為棒球新霸主，並於一九七二年的首屆青少棒選拔賽擊敗華興取得代表權，進而獲得世界冠軍。美和青少棒在一九七四、七五、七六連續三年都蟬聯世界冠軍，支撐起耀眼的美和王朝。

◆原本默默無聞的美和中學，在一九七二年第一次進軍台灣青少棒比賽，便從台灣、亞洲一直贏到世界冠軍，美和中學還為此出版一本紀念集。美和棒球隊的創立是眾人心血的集結，如同捐款表上各式的金額一般，沒有一群長期關心棒球的人，就不會有美和棒球隊。

美和與宿敵華興間的對抗，因此成為茶餘飯後所為人津津樂道的話題。尤其以美和楊清瓏每每在關鍵時刻一棒定江山，氣走華興最讓人回味無窮。兩校之間從教練曾紀恩與方水泉，到球員楊清瓏與林華韋、葉志仙與

余富誠、李居明與盧瑞圖等人，從中學開始乃至大學時文化與輔大的競爭，都被稱之為「宿命的對決」。這場由中學至大學的對決，甚至延伸至社會組球賽味全（輔仁）與葡萄王（文化）的抗衡。

◆一九七二年到一九八〇年之間，美和青少棒共取得了五次的世界冠軍，堪稱世界青少棒賽的常勝軍。

一九七九年九月十五日兩隊在黃廣琪（味全）與莊勝雄（葡萄王）的主投下，打出台灣成棒史上最長一役的二十一局比賽（六個小時又六分），正說明了美和與華興之間分外眼紅的關係。比賽結果味全雖以一比〇險勝，但直到今日葡萄王的最後一個出局者王俊郎仍堅信他比球更早一步到一壘。

七〇年代中期後，除了南美和與北華興的抗衡外，花蓮的「榮工棒球隊」也成為重要山頭，培養出王光輝、郭李建夫、陳義信、黃平洋等傑出球員，並成為中華青棒奪得世界冠軍的主力球員。美和、華興與榮工的球員因此成為七〇年代世界青少棒與青棒賽的熟面孔，同時也印證台灣三級棒球菁英實力之強盛。

即便七〇年代的棒球發展渲染著濃烈的民族主義色彩，顯露出運動與政治密不可分的關連性，三級棒球稱霸全球或許肇源於此。然而，拋卻政治的羈鎖，三級棒球實為八〇年代四級棒球的發展預立基礎。同時，光榮的棒球事蹟，造就出一個個被稱為「國手」的平民英雄，也指引出人生與棒球的另一種可能──打棒球的小孩總有一天也有機會成為英雄。

南北對峙是當時的故事，而其對培育棒球人才的影響，則是為下一階段的台灣棒球故事，預先寫下劇本。

記錄台灣棒球史的台北棒球場

◆日治時代的圓山棒球場是台灣首屈一指的棒球場，但在戰時卻成為陸軍醫院。風光的歲月因此寫下了句點。

二○○○年十二月，佇立在敦化南京路口的台北棒球場悄悄地拆除了！它還來不及見證或承載二○○一年世界盃所掀起的棒球熱，便黯然退出歷史舞台；在次年的台北大水災中，它還因為權宜考量而權充垃圾場。

翻開滿布灰塵的泛黃報紙，縱然記載的是陳年舊事，但台北棒球場的盛況，卻鮮活地躍然紙上，訴說著七○年代乃至球場拆除前，台北棒球場的榮耀與落寞。回顧台北棒球場自一九五○年代興建以來的點滴，也成為建構台灣棒球史的一種可能，而七○年代，或許是台北棒球場所曾享有最為榮耀的一段時光。

戰後初期，由於美軍選定圓山球場及附近空地為其顧問團團址，日治時期台灣最大的圓山球場於是成為歷史名詞，此後棒球賽不是選擇在新公園舉行，就是在台大與北投。但這些球場多半簡陋，看台由竹子搭建，球場附近的樹木更時而阻擾球賽的進行。

有鑑於此，台灣省棒協理事長謝國城便與當時台北市長高玉樹協調，由市政府提供敦化南京東路口為球場預定地，唐榮鐵工廠唐傳宗先生則慷慨解囊捐贈二十萬元，由曾經率領台灣隊參加一九四八年上海舉辦全國運動會的蕭德宗

◆早期立德棒球場的三壘休息區相當簡單，連遮陽棚都沒有，自行車也可隨意騎入，但卻是戰後初期全台灣所有球場的集體寫照。

負責監工。從一九五七年球場開始動工，一九五八年興建完成。然而新建的球場仍嫌簡陋，且施工不良，曾有觀眾竟因水泥塌陷而使左腳深陷半公尺的洞中。一九六九年金龍隊與日本隊的比賽，現場擠滿兩萬名觀眾，台北棒球場外野卻沒有看台，觀眾僅能席地坐在草地上觀賽。

此一窘境僅於次年便獲改善。一九六九年金龍少棒奪得世界冠軍後，全台棒球熱全面興起，同時台灣也爭取到一九七一年的遠東區少棒賽主辦權。為因應新起之棒球熱，簡陋的棒球場在政府一千兩百萬元的挹注下徹底改頭換面。

然而，首當其衝的變革，並非球場功能的強化，而是為台北球場加上醒目而令人印象深刻的傳統宮殿式大門，正門外配著綠瓦的三個大拱門，氣象十分宏偉；廳內峙立著十二根白色巨柱，天花板則鑲上雕龍畫鳳的彩色圖案，極為富麗堂皇。球員陳義信回憶起第一次到台北棒球場比賽時，看到外觀牌樓，竟然覺得棒球場好像一座大廟。這個球場設計的背景年代，正是一九七一年台灣退出聯合國，以及政府為強化人民認同推動中華文化復興運動的時候，棒球場選擇宮殿式外觀，正符合當時的時代背景。

此次修建同時為外野草地加設七層看台，內野看台也進行擴展工

◆一九七○年代台北棒球場的第一次大規模整建，並不是選擇增添照明設備，而是在原本簡陋的球場外觀，添入宏偉的中國樣式、宮殿風格的大門，此立意顯然受到中華文化復興運動的鼓動。

程，內外野看台經擴建後，規模達到拆除前的水準。而一向為人詬病的排水系統，也在歷次整修中不斷改善。其次，原本台灣棒球場並無夜間照明設備，但因一九七四年世界青棒賽有些場次為夜間進行，當時青棒隊「刻刻以能否適應夜間球場為慮」，球員們還得先到美國借場地適應夜間比賽，因此，政府便在一九七五年台北棒球場再次修建時增添夜間照明設備。

七〇年代正是台灣棒球場修建工程最為頻繁的階段。逐次增加的座位數量，正是因應觀眾需求所做的調整。但新增座位仍然供不應求，整個七〇年代，球場爆滿是常見的事。不僅是一九七一年巨人與日本爭奪遠東區代表的國際賽事，就連爭奪國內少棒與青少棒代表權的比賽，也常是一位難求。

◆台北球場雖然狹小，夜間照明也顯得有些不足，但它卻承載了台灣棒球二十幾年來的無數榮耀，直到二十世紀末才正式與台灣人告別。

對於球員而言，面積遼闊、設備新穎，同時也是台灣第一個具有夜間照明設備的台北棒球場，是球員心中遙不可及的神聖殿堂。日後以擅打全壘打聞名，能輕易就將棒球打出牆外的趙士強，便曾說在偌大的台北球場跑步時，好像怎麼跑也跑不到終點。台北棒球場的落成，當時對台灣的棒球員而言，就像問鼎武林冠軍的最後戰場，神聖地讓人心懷忐忑。日後身手非凡的「假日飛刀手」陳義信，就因為緊張的關係，竟然在台北棒球場投出的第一球就是個大暴投。

同時，台北棒球場也是球員溫馨的家，球員吳復連說，早期入選國手的棒球員，必定集體住在球場內的宿舍，終日與球場為伍。直到拆除前，台北體育學院棒球隊也是一直住在棒球場內。

可惜的是，台灣是個發展棒球卻不記錄棒球的地方。對棒球人而言，台北棒球場猶如棒球博物館一般，它是記憶的承載體，如今一經拆毀，對棒球的記憶只能任憑時間的流逝而淡化了！直至今日坐公車經過南京東路時，望著空曠的棒球場舊址，還是有一股悵然若失的落寞油然而生，深怕記憶就此失落。相信所有的棒球迷都會有相同的感覺吧！

台灣棒球的陰暗角落
——金錢、賭博與棒球

七〇年代的台灣棒球造就了全民性的熱潮，棒球因此被定位為「國球」。然而在光鮮亮麗的表面下，為求取勝利，對棒球的激情卻化明為暗地在暗潮中波濤洶湧，從而為台灣棒球的發展捲出一圈圈駭人的漩渦，各種手段形成台灣棒球文化的特殊形貌。

在過去，球員基於私誼的關係，有時會友情贊助的為其他球隊「補人」，但稍一不慎便會違反一人不能同時出現在兩隊名單的規定，早期省運與成棒賽中，常發生類似事件。例如一九五四年北縣代表隊中的七名成員便因同時登錄而被取消比賽資格。這種球賽的質變還算有人情味，雖不符合公平原則，但也無傷大雅，還能說是反映台灣棒球文化的特徵。

◆高超的球技、精彩的過招，是球迷們到球場觀戰最期待的事。

然而，七〇年代就不同了，棒球可是關係國家名譽的大事，由於利之所趨，各種棒球的負面邊際效益也就因此產生，其中最值得關注者便是賭博問題與偏執的一心求勝。

一九六九年金龍少棒隊在台灣人的引頸企盼下，奪得台灣的第一座世界少棒冠軍盃後，媒體報導就曾說，棒球雖然有爭取國家榮譽的貢獻，但棒球所引發的社會問題也是一個重要課題。

早在當年的八月廿三日，金龍少棒奪得冠軍那一刻起，這個問題便顯得愈來愈嚴重。在勝利一刻的來臨時，球員、在場僑胞甚至台灣民眾，眼淚都興奮地潸潸而下。但一位眼尖的記者續伯雄卻發現，享受勝

利滋味時，主角們（棒球員）的面容卻是如此沉滯。問起隊長陳弘丕的感覺，他無言以對；再問蔡松輝，他說：「我回去以後，不再打球了。」因為「我太累了，為了參加這次比賽，我已經四個月沒有唸書了。」

那時的記者說：「別再讓平時看不到牛奶的孩子，一次要他喝下五大碗雞湯。」在美國，少棒運動的發展本就強調社區化與「歡樂運動」的精神，但在台灣，本該快樂的球員竟是如此的落寞。嘉義垂楊隊在輸球後，竟有球員不敢穿球衣上街，少棒勝負的壓力由此可見。而後，國族榮耀下的偏執對健全發展心智的衝擊，成了七〇年代反對棒球運動的主要考量。輿論開始思考打棒球的孩子應按其學區就學，學業與打球應該均衡發展。媒體還曾經沉重地呼籲「請把少棒運動還給孩子們！」

◆少棒運動本為強調快樂、健康的精神，但賭博、一心求勝的惡習，卻毀壞了世界少棒運動發展的最初宗旨，也使得小將們的成長過程中，承受了太多的壓力。

在這股將打棒球的孩子視為英雄的前提下，各種光怪陸離的現象也隨之出現，最有趣且具人情味的，莫過於家長干預教練的調度。例如許多有心人士用盡各種方式，將屬意人選送進棒球隊中。有些家長還在比賽時邀請親朋好友到場觀賽，動機無非是讓親戚看看自家小孩的威風。然而，此時教練就很難做人了，有時球員分明就是非選進球隊不可的「公關」球員，為了成績，很難派他們下場拼輸贏。但家長可不管三七二十一，指責教練調度不公的聲音就這樣出現；要不就是有些沒有上場比賽球員的家長，常以不甘示弱的口吻表示「這場對上的是弱隊，我的孩子沒有上場是為了應付下一場硬戰。」球員上場就像是政治人物一般，爭名排序、角力頻傳。

上述情形尚屬和善，但若牽涉到金錢的瓜葛，問題可就麻煩了。一位曾經帶領嘉義地區少棒隊的教練表示，當時比賽結束後球場上常有不明人士出現，甚至接近教練「關心」比賽。他們的關心不外是想左右調度、輸贏，因為有些球賽他們可是有投資的，這逼得嘉義縣長甚至命令便衣刑警在比賽結束後，趨前保護球隊教練。擔任裁判者則最擔心裁判

不要讓少棒運動走向歧途

的名單曝光，否則各種關心、煩請高抬貴手的人士就會不時出現，擾不勝擾。

　　大體上，這些關切都與利益有關，這暗示著少棒熱潮的背後賭風頗為盛行。《自立晚報》曾以頭版社論指出，關心棒球的人之中，有一種便是「藉少棒比賽作賭博，每場下注很大，於是一場少棒賽的輸贏，也關乎到自己的輸贏。」球賽既與自身利益息息相關，便不難見到賭輸之人不理性的言詞與行動。有的甚至在球場上揚言修理裁判，刺殺教練，弄得球場上人心惶惶。一名屠夫甚至在一九七一年金龍與七虎的對決中輸了二十萬元後，揚言要找教練「算帳」，讓他嚐一嚐屠刀的滋味。附帶一提，這場比賽，官方為維持秩序，竟出動大批憲警，並以警備總部副參謀長押陣。當時的媒體就說，棒球賽原本應以球員為主角，觀眾當配角，但現在觀眾與周邊參與者不僅不滿意當配角，更希望當操控一切的導演。

　　事實上，如果賭博祇是單純的場外行為，似也應拋卻道德包袱，平心靜氣的看待之。但問題是比賽前賄賂球員或者威脅球員、恐嚇教練的事情，使單純的球隊變成複雜的工具。直至九〇年代，這些不能在陽光下曝光的暗盤與交易，已嚴重的傷害到台灣棒球運動，至今，「流言蜚語」仍不時流傳，若隱若現的陰影成為棒球迷心中永遠的痛。

　　台灣棒球熱興起後的激情，為社會與政府帶來無可估量的正面效益，然而，如同世界棒壇對台灣少棒發展的一項主要批評：台灣少棒因為一心求勝，造成極端的求勝心理，容易使孩子養成偏差人格，無從均衡發展。國族與金錢深深地糾葛著台灣的棒球，時至今日，這仍是我們沈溺於棒球的激情外，必須理性看待的問題。

◆ 少棒比賽原本應該在陽光下快樂地進行著，不應讓成人世界的利益糾葛和國族大義的情操羈絆著打棒球的孩子們。

此日功成天下知
──平民英雄與街頭戰場

慶祝七虎少年棒球隊榮獲全國冠軍

皇帝龍高級衣料 敬贈

◆吹捧少棒英雄的方式無奇不有，皇帝龍公司的七虎少棒明信片，是其中較特別的一種。七虎明信片如同影視明星宣傳一般，取個響噹噹的綽號，方便眾人崇拜。

一九七一年夏天，當巨人隊第二次為中華民國拿下世界少棒冠軍盃時，報端出現一首由林瀚年所作，以「中華少棒隊榮獲世界棒賽冠軍」為題的詩，詩中是這麼寫著這群冠軍球員：「海上深宵傳捷報，萬方矚目跂豪賢。即今為國爭榮譽，省識英雄出少年。龍爭虎鬥群雄起，此日功成天下知。寄語巨人諸將士，自強奮發正當時。」七〇年代少棒球員為國爭勝而一朝成名的境況，便如同詩中所述。

事實上，少棒球員不僅為國爭光，還有實質上的收穫。如巨人隊因為各界捐款高達上百萬，賽後每人可領到五百一十元美金。四處拜會活動時也免不了收到贈品，在早期，出身南英、現為合庫教練的杜勝三只因練球時表現優異，場邊看球的球迷便趨前贈以電影招待券。因此，棒球員不只可以出名，還能名利雙收。總之，成為棒球明星後的社會福利可是很周全的。

他們不僅因球場的表現獲得稱讚，際遇更是令人豔羨。尤其是出國，那更是一件了不起的大事。在七〇年代前，出國機會實在微乎其微，搭飛機到外國是遙幻得難以想像；七〇年代時，雖然東亞的航空事業與航線在此時迅速發展，航空公司的廣告大量見諸報端，去美國的路雖不再遙不可及，但對於家境小康的尋常百姓而言，出國或到美國則還是神話般的事情，而這種看得到但摸不到的感覺，卻是最吸引人的。

因此，當巨人隊員坐上飛機時，〈巨人美國行〉便開始在報上連載，內容中的描述多以巨人隊員如何吃西餐、機上生活與美國印象為主。球員在美國如同劉姥姥

◆早在三十年前台灣的少棒隊員，便有參觀美國紐約洋基隊的經驗。大體說來，球員的美國經驗多半相當美妙，迪士尼樂園、白宮、雙橡園以及美國各大城市，都曾經是遊歷的行程，如此的經驗完全是超現實的，無怪乎一堆台灣球員打棒球的原因，只是為圓美國夢。

進大觀園一般，今日看來雖有點鄉巴佬進城的感覺，卻是當日讀者心中的夢想。不要說美國，甚至當年落敗於巨人隊的光陽與金龍隊，仍有到日本、韓國訪問的機會。

回國後的威風則更不用說了。不僅台視與中視舉行歡迎晚會，更有人寫出「巨人少棒凱旋歌」。而迎接國手返國的人潮常是數以萬計，有許多觀眾為爭取制高點，故意「高掛」在二、三樓的建築外面，只為一睹站在吉普車上的球員風采。「年輕女學生一反平日的文質彬彬，她們在人群中奔出擠進，香汗淋漓，毫不在乎，擠掉了眼鏡，擠掉了鋼筆，都不顧了。一切的一切，都只求和小將握握手，他們左右進攻，許金木、李文瑞……這些勇將幾乎被扯破了。」金龍隊明星球員陳智源在理髮時，還遭遇吉林國小小女生包圍，不得不緊張地一邊發抖一邊簽名。

◆少棒英雄的待遇完全是明星規格，有專屬的凱旋歌曲、晚會，為了讓更多民眾一睹廬山真面目，電視頻道因此提供了少棒明星曝光的機會。

對於選手的報導更為有趣，如同〈全球最佳少棒投手許金木〉的花絮中，便將許金木描寫為身手不凡、沈默寡言、孝順父母的國家之光，時代青年楷模不過如此。選手回到鄉里又是另一種場景，立德少棒在一九七四年奪得世界冠軍的頭號功臣林文祥回鄉時，恭賀的紅紙掛滿林家內外牆壁，鄰家的小朋友則希望有一天能像林文祥一樣偉大。

總之，成為少棒明星可說是名利雙收，威風至極。然而，他們大多出身一般人家，可能都是你我的鄰居，只因棒球的緣故，給了他們不同的人生，平民與英雄的距離就因為棒球而被拉近，棒球於是成了讓一般平民變為英雄的捷徑。七〇年代的少棒旋風，也因此造就台灣人對本土英雄的認同。

為了成為英雄，造就了另一波台灣人對棒球的普遍投入，而其戰場則是在街頭。為此，早在戰後初期「清晨或傍晚台北街頭時時會碰到在人行道練習棒球投擲的孩子們」的景象，開始更加普遍地出現在台灣城鄉的街頭，棒球因此更廣泛地成為庶民生活的一部分和街頭一隅的特殊景觀。

◆圖為師承柳正雄的吳建達，帶領希樂隊小球員打棒球的合影。

　　平民英雄的美夢促使台灣小孩子不敢稍嫌怠慢，常是一有空閒便吆喝著街坊鄰居或同學，帶著簡單的球具上街或者到空地上練球。這種很社區化而沒有登記的球隊，在當時沒有上萬也有成千，立德隊球員黃財輝回國後，街坊鄰居便說要組一支「迷你」棒球隊，由黃財輝擔任教練兼隊長。他們的球具談不上精良，球隊也大多以「無名氏」稱之，其所需付出的成本，僅是偶爾打破隔壁鄰居的玻璃。介入棒球確實如此簡單，但對以街頭為球場的球員而言，真能夠靠棒球出人頭地者卻鳳毛麟角，結果棒球仍只是台灣孩子長大後集體記憶的憑藉。

　　對於七〇年代台灣棒球史而言，在街頭戰場上，你我他的接傳球，正蘊含著一種成就「平民英雄」的期待。平民英雄與街頭戰場，反映著七〇年代台灣棒球史的社會心理與文化特徵。平民英雄所反映的菁英現象，培養了眾多能與國外爭勝的好選手，街頭戰場所代表的普遍性作用，則造就了廣大的棒球人口，此二者互為表裡、缺一不可，同時深遠地影響日後台灣棒球的發展。

媽祖、鄭成功與少棒賽

　　台灣人愛打棒球，棒球賽的名銜也常是五花八門、無奇不有。如同戰後初期，為推廣衛生週也要由衛生院出面舉辦棒球賽，連三民主義青年團、救國團等都曾以「運動強國」的名義主辦棒球賽。甚至在一九五四年宜蘭蘇澳永安宮，還曾以紀念鄭成功逝世、發揚民族精神為由，舉行成功盃軟式棒球賽。有些民間的力量則更是不拘小節，只要舉行比賽，哪管得上比賽名稱稱不稱頭，是不是正確，就如同一九七〇年著名的彰化南遙宮也曾舉行「媽祖金像杯」少棒賽呢！如果媽祖可以保佑台灣人身體健康，南遙宮為何不能舉行棒球賽？想想，也對。

◆媽祖廟舉行的棒球賽，其型態也如同媽祖出巡一般，熱鬧滾滾。

第四章

重返榮耀——
八○至九○年代的成棒與職棒

異域的台灣之光

　　一九七〇年代台灣三級棒球的優異表現，曾讓無數台灣人在半夜興奮地手舞足蹈，然就深遠的意義來看，七〇年代三級棒球的紮根工作，其實也開創了八〇年代台灣成棒的榮景。在這波新起的潮流中，國際賽的成績固然是國人引頸企盼的焦點，但棒球迷也開始將目光鎖定台灣球員在異鄉討生活的表現，因此關心日本職棒中「二郭一莊」的表現，成為八〇年代棒球迷的共同回憶。而這正是因為台灣成棒球員的素質已甫獲國際肯定，球員的「外銷」因此如同起飛中的台灣經濟一般，逐漸熱絡與成長。

　　早在日治時期便有幾位傑出的台灣球員效力於日本棒壇，例如早稻田大學的吳明捷，另外羅道厚則為職棒隊伍東京參議員隊（今天的火腿隊）效力，其中實力最獲肯定的，則是在讀賣巨人隊效力近二十年的吳昌征。到了戰後，台日棒球交往不若以往，球員往日本打球也不復以往順利。一九五八年吳昌征退休，台灣球員的第一波外銷事業，暫告終止。一段以殖民地與殖民母國為關係所開展的棒球交流因此而結束。

　　到了七〇年代，台灣棒球在國際比賽中亮眼的成績，理論上，應該能夠吸引國外球探銳利的目光，出類拔萃的青棒選手升入成棒後也應身

◆在《日本プロ野球外國人選手大鑑》中，收錄著所有旅日的台灣棒球好手，同為西武隊的郭泰源與張誌家，代表著台灣旅日選手的兩個世代。

手依舊。然而環視整個七○年代，台灣球員穿的仍多是中華民國的球衣，穿上日本或者美國等棒球隊球衣的，真是絕無僅有。

難道外國球隊的眼光如此淺薄，不知挖角擁有世界三級棒球冠軍頭銜的台灣球員嗎？

其實這個問題不單牽涉球員素質的因素，還與當時的台灣社會環境相關。有個故事可以說明七○年代台灣棒球的發展，是個不太容許台灣球員為他人效力的環境。一九七四年七月，正當台灣準備迎接三冠王頭銜的前夕，兩個來自美國「辛辛那提紅人隊」的球探艾德溫（Edwin Howsam），以及被稱為紅人隊球探「探長」的喬‧包溫（Joe Bowen），來台灣觀賞中華青棒代表隊選拔賽。當然，既然身為球探，紅人隊此行的目的當然不只單純為參觀而來，經過幾天觀察，他們提出一份十幾人的名單，其中包括高英傑、李來發、江仲豪等人，準備舉行測試、挖角兩名選手赴美。

結果受邀參加測驗的人，沒有一位選手前往參加。不死心的球探在拜會教育部請求協助後，再次舉行測試，結果正如媒體報導「十四名受到邀請的我國青棒選手，或因聯絡不及，或因其他原因，都未曾到場接受測驗」。

球員未到場的原因，據悉是因考量兵役問題與美國職棒過於競爭等因素而作罷，但媒體對此事的評論卻頗值得玩味，媒體認為美國球隊為了尋覓好球員跑遍天下固然可佩，但其為了賺大錢的目的就不是「高尚的動機」，言下之意頗有貶抑為錢而打球的意味。再者，七○年代優秀棒球選手享有的民族英雄的榮耀及其所必須連帶承載的民族包袱，都不是選手個人主觀意志所能輕易拋棄的。七○年代棒球員的最好發展，就是在台灣接受眾人的喝采。挖角事件的失敗，正說明七○年代複雜的棒球環境對於棒球員為國外球隊效命的限制。

七○年代唯一的例外，則是一九七六年高英傑、李來發與紅人隊簽了一個比草約還籠統的約定，其中甚至連待遇都未論及。而這件事最後不僅無疾而終，甚至還因對手的抗議，使得當時在第二十四屆世界盃參賽的高英傑被取消比賽資格。

抑制球員出國的結構，在八○年代來臨時鬆動，先是棒球的國族光

環已漸漸褪色，在經濟日趨發達的台灣社會中，球員為尋找更好的表演舞台而出國比賽，已具有足夠的正當性。因此，繼日治時代之後，台灣球員的外銷事業再次啟動。

一九八○年時，早在一九七四年便被鎖定的高英傑，雖然不去「西洋」了，但卻到了「東洋」，加盟「南海隊」成為首位在日本職棒登板的台灣投手，幾年後，南海隊李來發、「中日隊」郭源治、陳大豐與陳義信、「羅德隊」莊勝雄、「西武隊」郭泰源、「巨人隊」呂明賜等人，相繼在八○年代活躍於東洋職業棒壇。

其中，郭泰源在一九八四年加盟日本職棒之初，還曾引起巨人隊與西武隊間的挖角戰爭，而其在一九九七年引退時所累積的一百一十七勝，至今仍是台灣選手在日本職棒中最多勝場者。與郭泰源同年加入職棒的莊勝雄，則在加盟職棒的第一年便贏得十一勝，這項紀錄一直到二○○二年才被張誌家追平。「亞洲巨砲」呂明賜則在職棒的首次打擊就一鳴驚人的擊出全壘打。一九八八年創造日本單季四十四場救援成功的郭源治，則創造了勝場數與救援成功數皆破百的紀錄。

事實上，以日本為戰場的台灣球員，遠比我們想像的多，例如劉秋農、謝長亨、林仲秋、郭進興、吳復連、趙士強、李志俊、林華韋及已故的林文城等人。他們雖然未能進入職棒，卻馳騁於業餘戰場，在日本業餘球隊的都市對抗賽中，找到了一展身手的場域。

◆王建民是效力於美國職棒洋基隊的台灣球員，也是台灣在二○○二年得到亞運會銀牌的關鍵人物。

海外球員的優異表現固然吸引了球迷的目光，但就台灣棒球史而言，八○年代大批前往日本打球的台灣球員，正象徵著台灣成棒實力已獲肯定，但

卻缺乏職棒戰場發揮空間的過渡階段。

　　九〇年代中期後，除了日本戰場外，挑戰美國職棒成為台灣球員另一個更高的夢想。年輕的好手王建民、王俊中、郭泓志、陳金峰，曹錦輝等人相繼被美國職棒挖角。二〇〇二年，陳金鋒在無數雙目光的注視下，更成為有史以來，第一個登上世界棒球最高殿堂——美國大聯盟舞台的台灣球員。

　　台灣球員的外銷事業，在不同棒球發展的歷史階段中，皆有其特定的時代意義，然而我們的球員從來不是抱著「爹娘喚不回」的心態一走了之，在他們心中，回饋國家仍是高貴的夢。因此我們看到了二〇〇一年世界盃中表現優異的陳金峰，還有即便是二〇〇二年秋末踏上未知的旅程，轉往日本「大榮隊」發展的陳文賓，仍以入選國家隊為二〇〇三年亞洲盃效力，為赴日發展的重要目標。

　　我們的球員雖然選擇了在最適合發揮實力的環境中發展，且未必是在台灣，但他們從來就是把國家的榮譽放在第一位，因此，即便他們身在異域的戰場，但仍是不折不扣的台灣之光。

◆美國職棒大聯盟是全世界棒球運動的頂尖舞台，洛杉磯道奇隊的「台南囝仔」陳金鋒，則是第一個登上這個舞台的台灣選手。

台灣棒球發展的舵手
——嚴孝章與榮工處

　　曾經親身經歷一九八〇年代，台灣成棒代表隊數次在中古大戰中，棒打「紅色閃電」古巴隊的球迷朋友們，一定無法忘記一九八六年八月三日中華隊在世界錦標賽中再次擊敗古巴時的那一幕，那一幕由於球員在短暫歡欣後淚如雨下的戲劇性場面，令人永難忘懷。回顧台灣棒球史，恐怕再也無法找到如此具戲劇性的轉折，而這一切都是因為一個台灣棒球發展舵手的離世所造成；這個人就是後來接任謝國城職位的棒協理事長嚴孝章。

　　嚴孝章是在比賽前一日，在奧地利因心臟病病發過世，當時他正準備趕赴荷蘭與球隊會合，也就是說全國同胞在次日觀賞比賽時，都已聽聞此消息，但為了不影響球員比賽情緒，只好暫時對球員封鎖，賽後球員們得知嚴孝章死訊，以致於最後雖然獲勝但卻當場淚灑球場。

◆嚴孝章是一九八〇年代台灣成棒發展的掌舵者，如果不是他的豪邁作風、大刀破斧，台灣成棒恐怕還在國際政治環境的抑制下，不知何時才有走出去的一天。圖為郭源治回台貢獻台灣棒運時，親往拜訪時任棒協理事長的嚴孝章。

　　全體隊職員的眼淚，不僅因為事出突然，同時這濕熱的淚水中也流洩著對嚴孝章無限的感激。如果不是他的貢獻，台灣的成棒不會這麼順利地在國際間闖出名號。

　　說起嚴孝章與棒球的故事，或許該從他擔任榮工處處長談起，一九五九年嚴孝章出任榮工處處長，並在少棒熱來臨時，選擇以台灣後山為

出發點，率領榮工處這批工程常勝軍進軍棒球戰場。

　　當時後山棒球人才輩出，不過卻二度在全國大賽中鎩羽而歸，嚴孝章處長為培育花東少棒實力，因此以花蓮鑄強國小為主體成立「榮工少棒隊」，並於幾年後超越台東成為後山棒球首強，一九七六年由陳義信、陳金茂、孫昭立等人為主體的榮工少棒更一舉囊獲全國冠軍。隨後青少棒與青棒隊接連成立，並於一九七八年獲得全國青少棒冠軍及世界冠軍，成為南美和、北華興對峙結構下的另一山頭。更為人稱道的貢獻是，一九八二年榮工成棒隊成立，台灣四級棒球的霸業正式建構完成。榮工處還在一九八七年的中華杯棒球賽中，締造了不僅空前恐怕也將絕後的棒球紀錄，因為榮工處成為台灣棒球史上第一個獲得少棒、青少棒、青棒及成棒四級棒球冠軍的「四冠王」。

　　相對於當時學校球隊與社會球隊，大體存在某種距離的情形，榮工處在國小、國中、高中、成棒等四級棒球的建構，正反映其雄厚的財務能力、從根紮起的企圖心，以及處長嚴孝章對棒球全心全力的奉獻。當時擔任榮工處總教練的蕭長滾至今對於嚴孝章支持棒球的魄力仍然由衷欽佩，蕭長滾有次曾向嚴孝章提出，榮工隊在花蓮訓練的球場不是很方便，嚴孝章竟然指示部屬用一星期的時間，在板橋慈園整理出一個棒球場，榮工處自此擁有專屬的球場。

◆擁有少棒、青少棒、青棒、成棒四級棒球體制且曾同年奪得全國冠軍的榮工處，是台灣棒球史上的奇蹟，它的球員如陳義信、黃平洋、郭李建夫可說是八○年代台灣強投的代言人。

　　嚴孝章的貢獻不僅在對榮工棒球隊的影響，更重要的是他對於台灣成棒「走出去」也有著舉足輕重的功勞。一九八一年他接任棒協理事長時台灣少棒早已打響名號，但成棒的實力尚待國際肯定。因此，嚴孝章接任之後指出：「必須保持並提升少棒水準，……，使成棒興盛才是最終目標，……，因此成棒必須有機會參加世界賽。」原本台灣球隊出國比賽都要靠募款方能成行，然而，嚴孝章挾著榮工處豐沛的財力，支持

台灣成棒隊出國移地訓練，從而累積與外國球隊對戰的經驗，台灣成棒隊的成績因此一步步提升，幾位棒球前輩同聲認為台灣棒球與國際的進一步觀摩比較，嚴孝章先生扮演著關鍵性的角色。

嚴孝章同時以廣結善緣的方式，藉著棒球外交結識許多國家的棒球要員，據傳嚴孝章總是提著裝滿錢的手提箱，往來世界各國宴請棒球代表。嚴孝章的手腕與為人總是能讓各國代表折服，獲得國際外交中少見的真摯情誼，一如他在榮工處也能捲起袖子與基層弟兄把酒言歡而獲得愛戴一般。

同時，嚴孝章到國外協商國際棒球事務時，總是如同他在帶領榮工

◆一九八一年，少棒、青少棒與青棒代表隊，和蔣經國總統於總統府前合影。其中如陳義信、黃平洋、羅國璋、羅敏卿等皆為榮工隊出身的棒球好手。

處「拼經濟」時一般，全力以赴據理力爭。當時台灣棒球的困境如同外交處境一般，處處遭遇中共的打壓。但嚴孝章深知戰場一旦失去，後果將不堪設想，因此嚴孝章務實地面對此問題，無論如何都以積極爭取讓台灣成棒隊參賽為前提，繼而伺機爭取台灣的最大權益。

原本台灣在第十一屆成棒亞洲盃比賽時名列第四名，而失去進軍一九八二年世界盃的資格（亞洲僅有兩席代表），但因韓國為世界盃主辦國具有當然代表權，因此參賽權由第三名的澳洲遞補，而在澳洲之後的台灣則為候補第一名。

原本已是大勢底定，但一心想讓台灣成棒參與國際賽事的嚴孝章卻不死心，他在國際棒協的會議中，一方面面臨中共在會籍、會旗、會歌等問題的挑戰，另一方面仍積極爭取台灣參賽，結果終獲國際棒總會長史密斯（Robert Smith）的支持，將澳洲改列大洋洲代表，而台灣就成

為亞洲的代表。進軍國際原來也不一定要靠快速球與全壘打，靠著嚴孝章的奔走也能得到一片天。

又如一九八四年的世界盃在古巴舉行，在此之前國際棒總已同意台灣可懸掛棒協會旗，但開幕當天與中共同為共產陣營的古巴卻臨時要求台灣懸掛奧會會旗，嚴孝章隨即找來棒協會長，以國際棒總的決議為由，堅決指出：「如果大會堅持如此（改掛旗幟），中華隊只好退賽。」面對嚴孝章幾近攤牌式的回應，古巴不顧中共的抗議，終於順從了國際棒總的決議，將台灣棒協旗幟升上哈瓦那的棒球場。

重回國際戰場的中華成棒隊戰績果然揚眉吐氣，在一九八四年的洛杉磯奧運中奪得銅牌，開創一九八○年代台灣成棒史上的第一個高峰。當年戰將如莊勝雄、郭泰源、林華韋、李居明等人在此之後當然是家家戶戶耳熟能詳的球星，但隱身於球場一旁的嚴孝章，或許才是那默默付出的無名英雄。

對於身為應該比較不熱衷棒球運動的外省族群而言，嚴孝章熱衷於棒球的動力至今仍讓人有許多想像空間，但卻從來沒有人質疑過不會打棒球的嚴孝章不是棒球人。他曾說過「他對棒球仍有許多夢」，或許台灣的棒球便是如此不分族群地成為人人心中的築夢園。

隨著嚴孝章於一九八六年過世及台灣的棒球生態丕變，進入八、九○年代後，榮工隊也曾為尋覓好球員而煞費心思。一九九二年，中華隊在隸屬榮工隊的郭李建夫大發神威下奪得巴塞隆納奧運銀牌，但榮工成棒卻也從此走出歷史舞台，一九九六年榮工青少棒、青棒也相繼解散。九局下半三人出局，再也沒有下一場比賽，榮工處的棒球事業至此畫下句點。

如今，僅能從回憶台灣棒球歷史的篇章中，寫下這些已是歷史、逐漸淡出回憶的故事，告訴每個新生代的棒球迷，台灣棒球史上也曾有過這個縱橫國際棒壇的人物——嚴孝章。

成棒的榮耀與傳承
——洛杉磯與巴塞隆納

　　一九八三年九月十三日，第十二屆亞洲盃成棒正在舉行中、日、韓三隊的加賽，以決定那兩個球隊得以參與奧運。最後的一場球賽，由中華對上日本，雙方勢均力敵，絲毫無法越雷池一步，直到九局下半日本王牌投手池田秋興投出一只內角球，趙士強順勢一揮，令人意外的全壘打就此打碎了日本的奧運夢，中華隊以一比○擊敗日本隊，取得奧運參賽權。趙士強的這一擊不僅打開了台灣棒球史的新格局，同時也接合了兩個棒球時代的傳承關係。台灣球迷也開始轉而注意棒球技術最為成熟的成棒運動。

　　三冠王的榮耀，象徵著七○年代台灣棒球的重心為三級棒球，一批批世界冠軍的球員漸漸往成棒階段邁進時，台灣人似乎也看到成棒的希望。然而由於政治的問題，台灣的世界冠軍球員喪失了進軍成棒國際舞台的機會，造成了部分台灣優秀的球員，在八○年代初期往國外尋求更好的發展，也錯失了一座尚在期待中的成棒「世界盃」冠軍。七○年代的棒球菁英在新時代來臨時，因此曾找不到發揮的國際舞台，一九七六年參與第二十四屆世界錦標賽的郭源治，在中華隊再次回到國際舞台參與一九八二年第二十七屆世界錦標賽時，已身披日本中日龍隊的球衣。

　　這段失落的年代，讓台灣球員選擇出走，然而，當台灣採用務實態度重返國際舞台時，三級棒球所蓄積的能量，終於爆發出撼人的氣勢，銜接的空檔立刻補上，趙士強的再見全壘打，正是舊的三冠王年代與新的成棒年代傳承的象徵。

　　事實上，當日與趙士強同在一九八三年亞洲盃戰場上奮戰的球員

◆趙士強（右立者）是八○年代台灣成棒隊的首位巨砲，在他長打能力的掩護下，開啟了台灣成棒的新榮景。林華韋（左立者）則是九○年代台灣成棒奪得榮耀、運籌帷幄的關鍵人物。

◆誰也沒有想到由吳祥木、林家祥教練領軍，隊員包括郭泰源、莊勝雄、杜福明、劉秋農、涂鴻欽、曾智偵、涂忠男、江泰權、趙士強、楊清瓏、呂文生、葉志仙、吳復連、吳德生、林華韋、李志俊、李居明、宋榮泰、林易增、蔡生豐等人的中華隊，竟幫台灣奪得了一面一九八四奧運的銅牌，出發前的合影已然顯露出那股勢在必得的氣魄。

中，幾乎都是三級棒球熱潮下所培養出的精銳，徐生明、涂忠男、葉志仙為一九七一年台南巨人隊拿到世界少棒冠軍的隊員。其餘的球員如林華韋、黃平洋、許榮貴等人則毫無例外的都是三冠王年代棒球名校所畢業，且多數擁有世界冠軍的頭銜。

次年，洛杉磯奧運雖將棒球項目列為表演賽，但卻是台灣人心中最想要的一面獎牌。中華隊在預賽中以分組第二名晉級，最後在三、四名之爭時，中華隊靠著楊清瓏的全壘打及莊勝雄與杜福明的聯手完封，以三比〇擊敗韓國。台灣成棒的步伐終於追上了三級棒球的榮耀。

事實上，在整個八〇年代的世界錦標賽中，台灣一直能夠維持著相當優異的成績，連續四屆打進前五強，故而與韓國、日本、古巴、美國共同名列「世界五強」。七〇年代的努力可說在八〇年代已經開花結果。這一切端靠三級棒球奠下的深厚基礎，使世代交替的斷層從來不曾產生，全壘打的棒子由趙士強交棒給呂明賜，郭泰源與莊勝雄震懾全場的球路也交給了黃平洋與郭李建夫等人，台灣成棒的耀眼成績便是如此一路走來。

再者，參與成棒運動與其讓觀眾在電視或報紙上看到海外傳來的佳音，倒不如親臨球場感受棒球的熱度，因此成棒運動興起的過程，台灣舉行的國際邀請賽實扮演著舉足輕重的功能。一九八四年到一九八八年連續五年舉行的成棒國際邀請賽，中華隊屢屢留下的冠軍盃，加上成棒

球場上的熱度，真實且近在眼前的臨場感，從島內創造了台灣成棒運動的高潮。

　　然而，憑良心說，美和、榮工、華興青少棒與青棒體制的嚴格訓練，雖讓台灣球員保有世界一流的球技，但以整體棒球水準而言，菁英化發展的台灣棒球在亞洲比賽中很難與日本匹敵，有時對上韓國還顯得有些吃力。然而台灣棒球就是靠著一群相當精銳的球員，闖蕩五湖四海，抱著一種小蝦米對大鯨魚的氣魄，將一座座的獎盃帶回國門。

　　這種氣魄讓賽事過程往往超越棒球專家沙盤推演式的理性分析，以戲劇性的爆發力扭轉一切，不是靠著王牌投手獨撐大局贏得勝利，就是靠著巨砲一棒擊沉對手。如趙士強以一支全壘打獲勝的那場比賽，整場賽事的比數為一比〇，但主投的投手，卻是當天中午對韓國比賽已經投了一百零九球，而晚上又再度先發的郭泰源。在奧運賽事中，則看到了莊勝雄在主投的二十一又三分之一局中毫無失分。在台北球場則有呂明賜在國際邀請賽決賽中，打出三支全壘打，包括一支筆直飛出場外的再見全壘打。台灣成棒的榮耀有傳承，但也需要想像之外的驚奇。

　　更為振奮人心的戲碼，則是中華摔倒古巴隊的世界級棒球新聞。古巴剽悍的球風正如其「紅色閃電」的稱號，令其幾乎囊獲所有八〇年代的世界錦標賽、洲際盃冠軍。而能夠讓古巴在連勝的路上偶起波折的球隊，就是中華隊，「中古大戰」因此取代「中日大戰」成為台灣球迷觀戰的熱門新組合。

◆一九九二年西班牙巴塞隆納奧運中，古巴與中華分居金、銀牌，比鄰而站的兩隊，充分顯示能與世界常勝軍古巴隊一較長短的球隊，唯有台灣棒球手。

一九八四年的世界錦標賽古巴為東道主，當然留下冠軍是他們最基本的要求，甚至古巴還希望能以全勝摘冠。在八強循環決賽中，古巴對上中華，在此之前，一九八三年中華隊曾在洲際盃上以十三比一

擊潰古巴，因此當一年後再次交手時，為了面子，古巴一定要擊敗中華隊，熱愛棒球的古巴總統卡斯楚甚至親臨現場觀戰。然而，令人意想不到的是，占盡天時地利的地主隊，竟在中華隊連綿的火力，以及郭進興與莊勝雄的主投下，而以七比四敗給中華隊。台灣棒球就是因為專門演出這種跌破專家眼鏡的戲碼，而得到舉世棒球迷的注目。靠著擊敗世界第一，台灣滿足了未曾站上世界第一的缺憾。

若要為這段歷史找個暫時的終點及另一段隱約可見的起點，一九九二年的巴塞隆納奧運似乎是個重要的轉折。這年的奧運，中華隊靠著郭李建夫近一百五十公里時速的快速球及落差懸殊的指叉球，連續兩場鎮住了日本隊，打進冠軍賽，最後雖然敗給古巴，但卻繼洛杉磯奧運的銅牌後，更上一層樓奪得銀牌。堅強的陣容和郭李建夫，中華隊再次依靠同樣的模式，有實力、有驚奇地贏得了好成績。

然而，卻也在此後，台灣成棒經歷了一段沉寂。這是因為這批精銳在奧運結束後，立即投身職棒，優秀球員具有業餘身分能夠為國效力的時間往往相對短暫，因此一九九二年後，台灣就一直無緣站在奧運的戰場上了，國際賽的成績也大多今不如昔。

回顧八〇年代成棒的榮耀與傳承，它是過去的經歷堆疊而成的，但也需靠耀眼的明星製造高潮。雖然台灣至今仍在找尋那座尚在期待中的世界冠軍，但棒球技術極致發揮的成棒運動

◆ 一九九二年西班牙巴塞隆納奧運的銀牌成績，除了需要全隊整齊、堅強的實力外，也需靠耀眼的明星，如果不是郭李建夫連續兩場制住日本隊，銀牌的美夢根本不可能成就。

已代之成為球迷的焦點，加上職棒球員已可參與業餘國際賽，成棒因此吸納了棒球所有最精彩的元素，精彩的球技也相當地轉移了七〇年代要求世界第一的民族主義棒球價值觀的視野，台灣球迷的注意力從此轉移到具有競爭力、帶有娛樂性的成棒運動。

職棒在台灣
——洪騰勝與中華職棒聯盟的成立

　　基本上，棒球得以深入社會、打動人心，一方面須依靠國家隊在國際賽上為國爭光，一方面還需憑藉台灣內部棒球風氣的營造，兩者配合方足以維繫棒球活動的熱絡。七、八〇年代台灣的棒球實力藉著多次獲得三冠王及奧運銅牌已獲得國內外肯定，台灣的棒球風潮自然也不在話下，只是當三級棒球球員進入成棒後，這些技術已是世界一流且已離開校園的球員，變成以工作為主，只能「業餘」的打打棒球時，棒球員的前景似乎就有種「小時了了大未必佳」的寂寥。因此，讓球員找到固定的表演舞台，讓棒球運動職業化，遂成為台灣棒球運動的重要出路。

　　然而，這種發展為何出現在八〇年代末期而非棒球活動最熱絡的七〇年代，卻是值得令人注意的問題。

　　或許最重要的因素乃因七〇年代的時代性使然。七〇年代的時代性讓為錢打棒球的動機變得很不道德。早在七〇年代之前，台灣省運中便曾出現以金錢作為挖角憑藉的事件，此舉被媒體以運動職業化等於失去運動精神為由，罵得狗血淋頭。一九七四年美國職棒辛辛那提紅人隊球探曾來台挖角棒球好手，此舉最後無疾而終，媒體認為跨海尋求好球員固然可佩，但職業棒球為了錢而打球的目的，就不是什麼高尚的目標了。可見當時為賺錢打球可是件關乎道德準則的事。

　　再者，職業棒球具有若干娛樂性質的特徵，這對職棒球員為錢打球的形象更加不好。一九六八年巨人隊抵台春訓並舉行數場隊內對抗賽，這種比賽表演性質居多，觀眾看到眾多球星的演出，自然也是熱在其中，但走馬看花的調度、刻意拱抬王貞治的設計，卻遭致媒體「太假了」的批評。放在競賽精神的尺度上，這些批評或為公允，但也反映時人對職業棒球的認知並未十足充分。

　　當然，七〇年代成棒球員的數量與質量，與成棒在國際間的成績尚未獲得肯定，皆延緩了棒球運動職業化的腳步。嚴肅的生活、國家道德

規範，終使台灣棒球職業化的
腳步，留待八○年代才走出重
要的一步。

◆對於職棒事務的
參與，兄弟企業的
洪家兄弟在態度顯
得有些低調，在中
華職棒聯盟成立的
慶祝會上，居首功
的洪騰勝仍將自己
側身邊緣、站在最
右邊。

七○年代台灣棒球的主角
原屬三級棒球，八○年代初期
第四級棒球的成棒，則因三級
棒球打下的深厚基礎，而漸漸
在七○年代末期與八○年代初

期提升實力，洛杉磯奧運的銅牌就是這段過程的收穫。奧運銅牌是台灣
成棒獲得認定的象徵，然而，台灣的環境卻無從留住這批善戰的成棒選
手，棒球選手的海外事業由此開展，台灣棒球的菁英也因此得以馳騁於
異域的棒球戰場。

留住棒球人才，成為棒球運動職業化的重要考量，但環視當時剛起
步卻已虧損連年的韓國職棒，不禁要問：真的會有企業願意投資這種賠
錢的事業？再者，八○年代三級棒球已日漸式微，從而衝擊到職棒兵源
的遠景。同時職棒選手並不能參與國際賽，而在八○年代國際賽的成績
可是台灣棒球賴以維繫的重要憑藉，若因職棒成立而損及國家隊戰力，
這與國家罪人有何兩異。因此，職棒的推動，看來需要一個相當勇敢且
不畏艱難的人來主其事。

這個或許會被人笑稱為「憨人」的人物，就是兄弟大飯店的老闆洪
騰勝。

◆靠著「brother」
品牌打字機聞名的
兄弟企業，早在進
軍甲組成棒與職棒
前，便有著一支滿
足洪家兄弟打球心
願的棒球隊。

兄弟飯店的老闆洪騰勝畢業於台大，從
學生時代便為棒球隊隊員，事業有成後就常
回台大打棒球。因此若說一九八四年九月兄
弟棒球隊的成立是為了賺錢，倒不如說那是
洪騰勝及其兄弟長久夢想得以實現的一刻。

接下來的發展，更可窺見「兄弟象」發
展棒球事業的企圖心。招兵買馬的兄弟象，
在曾紀恩教練領軍下，一路從乙組打到甲組
成棒，期間更締造十四場連勝的紀錄。成績

◆洪家兄弟興建的龍潭球場。職棒成立前，從來沒有一支私營企業會想到斥資上億興建一座專屬的棒球場，但從今天的觀點來看，供兄弟隊練球、舉行棒球夏令營、租借場地等功能，說明了洪家兄弟對於龍潭球場的投資，極具眼光。

好當然是球隊受歡迎的主因，但「人品定優劣，苦練決勝負」的球隊口號，講求拼勁的球風，「用性命打球」的精神，因此得到眾多死忠球迷的認同，今日兄弟象與象迷的風格，不正是過去的延續！

洪氏兄弟接下來的動作則更令人訝異，那就是在龍潭花一億元，興建台灣首座民間出資、符合國際標準的棒球場。該座棒球場並在一九八六年十一月完工啟用。看這座棒球場，大概就知道洪老闆真是完全投入棒球運動。沒錯，洪騰勝開始遊說棒協發展職業棒球，並以兄弟飯店的名義，一年捐贈六百萬元，捐贈四年，以兩千四百萬元作為職棒基金。一九八七年底，「職棒推動委員會」正式成立，由棒協理事長唐盼盼出任主任委員，洪騰勝則為執行秘書負責實際工作。不過，當時所面臨的基本困境是：職業棒球聯盟總不能只有兄弟象一支球隊吧！

但要別人拿出資金，一起加入眼前看來顯然會賠錢的生意，可真是一件頗為艱鉅的任務。當時除了從贊助宜寧中學與文化大學開始成軍、並已有廣大球迷的「味全棒球隊」有意願外，其他願意經營這種賠錢生意，而樂了球迷的慈善事業，還真找不到第三個。當時洪氏兄弟曾經寄發遊說函給全國前三百大企業，但卻如石沉大海一般音訊全無。後來在洪騰勝四處遊說下，統一企業與三商行終於有了回應，願意共襄盛舉。但球隊教練及球員等組隊事宜則需交由洪騰勝負責。

在洪騰勝積極「代辦」的情形下，職棒正式確定「兄弟」、「味全」、「統一」、「三商」等四支球團的基本架構。一九八九年十月廿三日，中華職棒聯盟在兄弟飯店舉行成立大會，由棒協理事長唐盼盼出任會長，洪騰勝為秘書長，一九九○年三月十七日，中華職棒元年，球季開跑。

◆職棒元年終於在一九九○年開跑，宋宦勳、鄭昆吉、林信彰、曾紀恩等前輩分居龍獅虎象等隊的教練。創刊號的「職業棒球」雜誌，則說明了職棒運動，講求宣傳、力求多角化經營的開始。

熱戰到冷戰
——職業棒球的高峰與低潮

一九九〇年三月十七日，中華職棒元年正式在台北棒球場由兄弟象與統一獅揭開序幕，看著滿場的觀眾，台灣職棒運動終在眾人齊心努力下有個好的開始。棒球迷終於在一年寥寥幾場的國際賽外，找尋到棒球熱情的另一個依歸。

不用說，承接業餘時代基礎的兄弟象，在李居明、王光輝等人的助陣下成為職棒場上最受矚目的焦點，尤其兄弟象在職棒三年到五年間的三連霸，更讓職棒運動走向高峰。而業餘時便頗受好評的味全龍，則在黃平洋、孫昭立、陳金茂等年輕球員的助陣下，勇奪職棒元年的冠軍，成為在人氣上與成績上都足堪與兄弟象對壘的勁旅。兩隊的對戰往往是票房保證，職棒四年與五年龍象對戰平均票房竟超過一萬

◆職棒四年，職棒球隊累積為「龍獅虎象加鷹熊」的局面，對戰組合不僅因此而增加，同時也正逢兄弟隊連霸的階段，因此成就了十足興盛的職棒榮景。

人，居各種組合的首位。激情對峙難免擦槍走火，職棒五年十月十五日龍象戰中象迷蛋洗台北球場的事件，就是龍象熱戰的一段插曲。

而原本不甚積極的統一獅，則在立足台南的經營方向中，成為以區域性為主場經營的最佳楷模。涂鴻欽與康明杉、林仲秋及外籍球員鷹俠等人，則為三商虎奪得職棒元年上半球季的冠軍。一九九三年「俊國熊」（「興農牛」的前身），以及以美式球風、精悍打擊能力見長的「時報鷹」

的加盟，則爭取到了一批傾慕年輕好手的球迷及台中地主性觀眾的加入。一九九七年職棒在龍獅虎象加鷹熊中再加一生力軍——「和信鯨」（現為「中信鯨」）。職棒的戰局，因為各球隊經營的特色，蔓延到台灣社會的各個階層與地區。

◆有人說職棒球迷分為兩種，一是兄弟象迷、一為非兄弟象迷，可見兄弟象隊的球迷之多。因此，兄弟隊本身從來不愁沒有球迷，因此與其他球團不同的是，兄弟隊從沒有出面組織啦啦隊的必要。

更有甚者，球團、球員之間也逐漸了解到球員本身形象經營的重要，因此恐怖份子、七彩變化球、假日飛刀手、棒球王子等琳瑯滿目的稱號也相繼出現。它象徵著球迷對球員的崇拜，也側寫了職棒市況的榮景。同時，由於職棒對戰總是幾隊間的循環賽，勝負互見總是難免，所以對於職棒記錄的創新與累積，如一百支全壘打、一百勝等紀錄，便在觀眾的注目下成為另一種對棒球的關心。總之，職棒元年到職棒六年，年平均票房皆破五千人次，可知當初的崎嶇之路，已然成為一條平順的坦道了。

職棒的熱戰製造了一批習慣消費棒球的觀眾，它的發展一步一步走來艱辛，而它的消逝、由高峰轉為低潮的發展，卻也來得至為迅速。積蓄長久的能量在一、兩年之內全然耗盡，此因賭博放水事件，已由暗地裡的傳聞成為球員間的默契，打假球的行為欺騙了台灣球迷的感情。長久以來便存在於台灣球場外的賭博問題，在此時更為明目張膽地影響球

◆企業母體設在台南的統一企業，是職棒球隊中首先採取區域經營的球隊，原本被視為冒險的舉動，卻在台南在地民眾以及旅外遊子的支持下，開創了成功的經營模式。

場內的競賽，當時據傳一場熱門球賽的賭資往往超過上億元，從而令黑道勢力企圖控制球賽賺取暴利，收買特定擔任白手套的球員及隊友，唆使球員打假球。放水的事件便在觀眾渾然不知的熱情吶喊中上演。而組頭與黑道則在賭勝負、賭差距、

賭安打，甚至賭第幾局得分等五花八門的賭制中，獲取暴利。不從其所望的球員，往往在利誘之外加以威脅，使其不得不從。一九九六年八月二日，象隊球員陳義信、洪一中、李文傳、陳逸松、吳復連等五人，在台中遭黑道持槍押走，說明了棒球員所面臨的困境。一九九七年上半季的冠軍時報鷹，竟因全隊多數球員遭到收押，而以各隊支援的球員所組成的「二代鷹」與味全龍爭冠，賭博的惡質化，便在這諷刺的冠軍賽中呈現。

職棒賭博幾乎千篇一律是由黑道賄賂球員打假球，不是故意被三振，要不就是漏球或失投。球員精湛的球技卻用來表演不露破綻的失誤，棒球員的墮落莫過於此，對於棒球發展的衝擊，更甚於戰績的一蹶不振。

更為雪上加霜的是，職棒六年（一九九五年）電視轉播權重新招標，和信集團的緯來公司擊敗年代集團，以十五億四千五百八十四萬元獲得未來三年的轉播權，大幅提升的權利金令職棒人士大為振奮，總以為轉虧為盈為時不久。未料，當初被視為一起打天下的功臣的年代集團心有未甘，結合因權益金問題未能加盟中華職棒的聲寶集團，並在挖角中華職棒多位明星球員加盟的情形下，成立台灣大聯盟，並於一九九六年開打。一時之間，兩聯盟共有十支球隊（一九九七年和信鯨加入後，職棒球隊高達十一支），遠超過台灣職棒市場所能負荷的範圍。

從此，職棒走向沒落，一九九七年起平均票房便處於一、兩千人的低檔，職棒九年（一九九八年），時報鷹宣布解散；職棒十年（一九九九年），三商虎、味全龍亦不堪虧損、相繼解散。而台灣大聯盟則也未收到預期的效

◆一九九五年起，國內職棒賽事便因兩聯盟對峙、職棒簽賭打假球等事件而蒙生陰影。球員的收押、球迷的流失，既使是票房收入首屈一指的兄弟象隊，也在職棒不景氣的衝擊之下，結束了兄弟雜誌的發行。

果，球迷並未養成買票進場的習慣，冷清的球場上，多為持免費票的觀眾。死忠的球迷便在冷清的棒球場上，冷淡地面對台北棒球場拆除、林易增退休及郭源治滿腔熱血地回國效力等事。而失望的球迷，則用一種又愛又怕受傷害的心情，偷偷地關心、冷冷地回應。

職業棒球因此從高峰走向了低潮。

黑襪與黑霧：美日職棒中的賭博事件

職棒的賭博事件，不僅在台灣，在全世界都是常見的事。美、日都曾有過著名的例子。對於美國的職棒球員而言，這樣遺憾的事，便發生在一九一九年世界冠軍的賽場上。當年爭冠的兩支球隊是由具有傳統、且實力強勁的芝加哥「白襪隊」，對上人氣與實力皆遜一籌辛辛那提「紅人隊」。當時世界冠軍賽採取九戰五勝制，原本輿論預料白襪隊將輕騎過關，白襪隊也的確取得前五戰中的四勝，但此後連敗三場，最後在關鍵性的第九戰中，狂失十分遭致落敗。對此結果輿論一片譁然，在經調查後發現，白襪隊陣中有八位明星選手接受了一萬美金的「餽贈」，導致這種比賽結果。

美國職棒為挽回失望的人心，於是以嚴厲的高道德標準將此八人處以終身禁賽的極刑，其中包括終身打擊率高達三成五六，往往不穿鞋上場比賽的傳奇人物──赤腳喬（Joe Jackson）。

因為涉嫌賭博而提前結束明星球員棒球生涯的現象，也出現在日本。一九六九年十月，讀賣新聞揭發了「西鐵隊」投手永易將之與黑道掛勾並打假球的新聞，之後為維護日本棒球與西鐵隊的形象，日本職棒聯盟因此明快地將永易處以「終身禁賽」的處分。原本以為僅是永易一人涉入，但次年四月永易與涉案黑道份子落網後，案情急轉直下，永易供出了西鐵隊一共有六人涉案，且多為西鐵隊陣中的明星球員，其中至今仍為日本球迷最喜歡球員之一的池永正明（被喻為「夢幻的三百勝投手」）的涉案，更成為球迷心中永遠的遺憾。此案一共導致七名如日中天的選手遭到終身禁賽，使成績優異且備受球迷愛戴的西鐵隊，票房一落千丈，甚至不得不將球隊出售，成為日後的「西武獅」。

重返榮耀

——2001世界盃2002講美傳奇2003職棒整合

經歷了黑襪事件與黑霧事件等賭博醜聞後，美日職棒曾陷入一段時間的低潮，直到貝比魯斯、王貞治與長島茂雄等人如救世主般的出現，職棒才又開始轉趨熱絡。而台灣的棒球運動則在經歷幾年的冬眠期後，又在激情的火花助燃下再次點起。更為難得的是，給予台灣棒球再次從谷底中攀起的力量，恰好都是重返榮耀的時刻。

首先，成棒成績在沈寂十年後再次攀起。一九八○年代以後，對於台灣成棒而言，打進重要比賽的前幾名從來就不是問題，甚至一度在世界盃的戰績名列前茅，如同一九八四年起連續三屆中華隊都打進世界盃前三名，再加上一九八四年及一九九二年奧運的銅牌與銀牌，台灣成棒的水準已為世界所公認。然而，一九九二年後，由於優秀球員進入職棒

◆台灣在二○○一年世界盃的優異表現，讓對台灣棒運失去信心的球迷，重拾看球的熱情。

及八〇年代基礎棒球的根基不穩，棒球人才的斷層，因此造成國際比賽的成績一落千丈，不僅於一九九八年世界盃中落居史無前例的第十三名，一九九六年與二〇〇〇年的奧運會甚至連參賽資格都未取得。

　　過去「世界五強」的稱號，眼看已是昔日黃花，集結台灣眾家棒球好手的職棒場上，觀眾通常不滿千人，加之職棒賭博事件，台灣的棒運幾乎處在一片低氣壓當中。所幸，二〇〇一年在台灣舉行的第三十四屆世界盃棒球賽，開創了台灣棒運復甦的第一波熱潮。

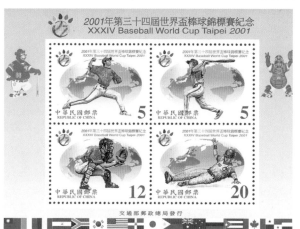

◆二〇〇一年在台灣舉辦的世界盃棒球錦標賽，其掀起的棒球熱潮，可由郵票的發行看出。

　　占著地主隊的便宜、人親土親的優勢，台灣人對於二〇〇一年世界盃本就有所期待，因此，代表隊慎重其事地網羅台灣職棒界最為善戰的高手，負笈在外的陳金鋒、陳大順、許銘傑等人，也不遠千里地回台效力。果不其然，在國手與眾家球迷的齊力斷金下，中華隊在預賽便以六勝一負分組第一的戰績挺進複賽。最終，在與日本隊的季軍戰中，靠著張誌家五安打完封，以及陳金鋒單場雙響砲包辦三分打點的成績，終場以三比〇擊敗陣中有十四名職棒一軍好手的日本隊。艱苦的一仗，再次超越了台灣棒球對日本棒球愛憎難辨的百年迷思，也使得中華隊自一九八八年之後，再次於世界盃棒球錦標賽中獲得銅牌。

　　二〇〇一年的棒球激情隨著二〇〇二年的亞運棒球賽獲得銀牌而繼續延燒，台灣球迷再次從國際賽的優異成績中滿足了對棒球的熱情，藉著國族榮耀尋回了民心與士氣，轉移了不景氣所造成的失落。

　　然而，非比尋常的是，若要說二〇〇二年的奇蹟是來自亞運的戰場上，倒不如說是來自於三十年前紅葉精神的再現，只是故事的主角不是

山上的孩子而是大海的子民，
這些小朋友就是澎湖白沙的
「講美國小棒球隊」。

◆講美國小棒球隊
憑靠著精湛的實
力，一路從澎湖打
到亞洲，繼紅葉少
棒隊之後，成就了
台灣少棒史上另一
個傳奇。

　　如同一般離島國小，講美
國小的學生不足百人，可供訓
練的中高年級棒球員幾乎就在
二、三十人上下，但在校長高
庚辛、教練王長壽、黃光輝、
高明順等人的支持協助下，講美從第一次來台灣比賽，便以幾乎是籃球
比賽的比數，以落後三十幾分被擊敗，直到二○○二年才一路過關斬將
稱霸「全國軟式少棒賽」、「謝國城盃」，甚至得到二○○二「亞洲軟式
少棒賽」的冠軍。

　　回顧原始的初衷，講美少棒隊的成立，不過是個單純的社區球隊，
它的目的在於滿足小朋友對棒球的喜好，教導學生學習團隊精神。因
此，講美的堅持與成功，與其說是為那耀眼的獎盃，倒不如說講美的故
事重新尋回一種簡單、純粹但卻深具力量的精神，那就是三十幾年前後
山中的紅葉精神。

　　如今講美國小或許面臨選手斷層的危機，對它的爭議也時有所聞，
但對於棒球而言，講美的故事告訴我們台灣棒球的原始動力，來自於一
種純粹為興趣而奮戰、努力的精神。誰也不能保證講美能夠永遠稱霸台
灣少棒球壇，但可以確知的是，紅葉精神與講美傳奇，將隨時在另一個

◆堆滿著快樂笑
容、奔向前方的講
美棒球隊，也奔向
樂觀的台灣棒球大
未來。

窮鄉僻壤的地方發生，台灣棒球的動力，就在這看似戲劇性的爆發力中延續。

至此，台灣棒壇僅剩下職業棒球仍有待復甦。由於職棒賭博事件及兩聯盟的對立，台灣職棒不景氣已持續六、七年之久，因此在二〇〇一年陳水扁總統就任後，便承諾積極推動兩聯盟的整合。事實上，從二〇〇一年以來，台灣球迷似乎在國際比賽中，再次從表現優異的職棒球員、和他們光耀門楣的戰績，找到了諒解職棒運動的理由，球迷們願意再次掏腰包回到球場上，吃著便當、大聲吶喊。因此二〇〇二年中華職棒的觀眾人數便比二〇〇一年增加了百分之五十七·六二，票房收入成長百分之一百八十六，而台灣大聯盟的經營則仍在低迷中持續奮戰著。

◆「中華職棒聯盟」與「台灣大聯盟」正式合併為「中華職棒大聯盟」的記者會，代表著台灣職棒運動復甦的重要里程碑。

二〇〇二年的發展預示了二〇〇三年職棒合併的可能性，在體委會及關心棒球發展的各界人士折衝下，幾度觸礁的整合計畫，終於有了眉目。雙方在一公司一球隊的原則下，台灣大聯盟由四隊整合為兩隊，並與擁有四支球隊的中華職棒合併為新聯盟。二〇〇三年一月十三日，在總統陳水扁見證下，合併協議正式完成簽署，「中華職棒大聯盟」成為台灣職棒運動面對新未來的新名稱。

在這重返榮耀的時刻，球場上再次湧現人潮：安靜靦腆的小女孩，能在棒球場上聲嘶力竭地為自己心儀的球員加油；落寞失意的中年男子，能夠口沫橫飛地講解場中戰術，這正是台灣棒球魅力的所在。也唯有令人百感交集的棒球，才能釋放屬於台灣人的深摯情感。

透過棒球看到了台灣人的悲喜哀樂，透過棒球掌握了台灣社會的脈動。台灣棒球百年史因此也象徵著台灣過去一世紀走過的路。

參考書目

報紙類

《台灣日日新報》、《中央日報（上海版）》、《大公報》、《民聲日報》、《中華日報》、《民生報》、《聯合報》、《中央日報》、《大明報》、《中國時報》、《台灣新聞報》

書籍類

◆大和球士，《野球五十年》，東京時事通信社
◆中華日報，《無敵金龍──中華少年棒球隊勇奪世界冠軍紀實》，中華日報出版
◆中華少年棒球隊奮鬥史編輯委員會，《中華少年棒球隊奮鬥史》，中華民國歷史文化
◆《日本プロ野球外國人選手大鑑》
◆西協良朋，《台灣中等學校野球史》，作者自行發行
◆邱坤良，《南方澳大戲院興亡史》，新新聞出版社
◆東俊郎 編，《スポーッ八十年史》，東京日本體育協會
◆美和中學，《世界冠軍美和青少年棒球隊》，美和中學
◆高正源，《東昇的旭日 中華棒球發展史》，民生報出版
◆涂順振，〈美和中學棒球隊簡史〉
◆國史館藏，《外交部檔案》
◆許昭彥，《美國棒球》，聯經出版社
◆陳顯明、梁友德、杜克和，《中國棒球發展史》，武漢出版社
◆張啟疆，《不完全比賽》，九歌出版社
◆張敬果 編，《中華民國少年、青少年、青年棒球發展史》，著者自印
◆湯川充雄，《臺灣野球史》，台灣日日新報社
◆《運動と趣味》
◆楊照，《場邊楊照》，新新聞文化
◆楊照，《悲歡球場》，新新聞文化
◆瘦菊子，《棒球新樂園》，張老師出版社
◆潘光哲訪問記錄，《嘉農口述歷史》，國立嘉義農業專科學校校友會
◆賴樹明，《台灣棒球曾紀恩》，知道出版公司
◆橫井春野，《日本野球發達史》，東京美津濃
◆簡永昌，《棒球與我》，著者自印
◆簡永昌，《中華棒球史記》，著者自印
◆蘇錦章，《嘉義棒球史話》，聯經出版社
◆績伯雄，《中華少棒奪魁記》，東方與西方出版社

期刊論文類

◆小野，〈封殺〉，《小說潮 聯合報第二屆小說獎作品集》（台北，聯合報）

◆石晴，〈台電隊辛勤耕耘默默奉獻〉，《中華棒球雜誌》第 4 期

〈回首「合庫」棒球路〉，《中華棒球雜誌》五十三期，1996 年 9 月

◆吳建達，〈懷念棒壇老英雄柳正雄〉，《高雄畫刊》，1998 年 8 月

◆林丁國，〈兄弟象與台灣職業棒球運動的發展〉，未刊稿

◆林琪雯，〈運動與政權維繫 解讀戰後台灣棒球發展史〉，台灣大學社會學研究所碩士論文

◆孫健政，〈體育記者對少棒的看法：採訪少棒六年有感〉，《體育世界文摘》，47 期，1972

◆晏山農，〈新認同的配方：台灣棒運的「力脫死」及其顛覆〉，《中國論壇》，32 卷 12 期，1992 年 9 月

◆翁嘉銘，〈棒球的美麗與哀愁：民心變遷下的台灣棒球史〉，《中國論壇》，32 卷 12 期，1992 年 9 月

◆張力可，〈台灣棒球與認同 一個運動社會學的分析〉，國立清華大學社會學研究所碩士論文

◆梁淑玲，〈社會發展、權力與運動文化的形構 台灣棒球的歷史、社會、文化分析〉，國立政治大學社會學研究所碩士論文

◆陳嘉謀，〈台灣棒球運動發展之研究（1945-1968）〉，台東師範學院體育研究所碩士論文

◆曾慶裕，〈棒球運動的起源與簡略歷史〉，《大專體育》，42 期，1999 年 4 月

◆曾文誠，〈一條記憶父親的棒球線〉，《職業棒球》，233 期，2001 年 8 月

◆曾文誠整理、蘇正生口述，〈情繫甲子園〉，《職業棒球》，108 期，1994 年 8 月

◆曾文誠整理、蕭長滾口述，〈滾滾棒球長流蕭長滾〉，《職業棒球》，225 期，2000 年 12 月

◆曾文誠整理、洪太山口述，〈昔日四番穩如太山〉，《職業棒球》，226、227 期，2001 年 1、2 月

◆曾文誠整理、陳潤波口述，〈在波濤中遊走──陳潤波〉，《職業棒球》，230、231 期，2001 年 5、6 月

◆曾文誠整理、黃仁惠口述，〈躲進棒球世界的巨投黃仁惠〉，《職業棒球》，237 期，2001 年 12 月

◆曾文誠整理、宋宦勳口述，〈職棒史上第一位冠軍總教練──宋宦勳〉，《職業棒球》，241 期，2002 年 4 月

◆黃正安，〈日治時期台灣的廣播體操推展情形之研究〉，台灣師範大學體育研究所碩士論文

◆蔡宗信，〈日據時代台灣棒球運動發展過程之研究──以一八九五年至一九二六年為中心〉，台灣師範大學體育研究所碩士論文

◆謝仕淵，〈殖民主義與體育 日治初期台灣公學校體操科之研究（1895-1922）〉，國立中央大學歷史研究所碩士論文

圖片提供者索引

本書照片均已盡力尋找所有人，如有不周之處，請與編輯部聯絡

誌謝

李健文、李天送、李淑梅、杜勝三、吳祥福、吳建達、林宗成、林華韋、洪太山、洪國安、洪瑞河、黃仁惠、陳義信、陳勝次、陳哲祥、陳賢蔚、郭清來、張昭雄、張燦鍙、曾文誠、彭誠浩、蔡順全、謝南強、簡永昌、蕭長滾、魏瑞明、蘇正生、中華民國棒球協會、台灣電力棒球隊、兄弟象職棒隊、合作金庫棒球隊、成淵中學、美和中學、講美國小
（先列個人、次列單位，按姓氏、名稱筆畫排列，敬稱從略）

總召集人：王拓、趙藤雄

總策劃：趙文嘉、吳密察、蕭宗煌

副總策劃：蔡宗易

顧問：張譽騰、葉國輝

策劃執行：謝仕淵、謝佳芬、陳韻年、陸銘澤、劉宗翰、劉純信
　　　　　李柏熹、張令龍、劉姵吟、王詩婷、黃芙春、程澤昕
　　　　　劉佳宏、隗振瑜、翟筱梅、賴婉婷、向麗容、沈彥呈

策展團隊：五觀藝術事業有限公司

展示設計：自光體設計公司

文宣設計：紀鴻新

指導單位：行政院文化建設委員會、教育部、行政院體育委員會、
　　　　　行政院原住民族委員會

主辦單位：國立臺灣博物館、國立臺灣歷史博物館、遠雄文教基
　　　　　金會

協辦單位：中華民國棒球協會、中華職業棒球大聯盟、中華電信
　　　　　股份有限公司、財團法人謝國城棒球文教基金會、紅
　　　　　葉少棒紀念館、財團法人國家電影資料館、高雄市立
　　　　　歷史博物館、遠雄巨蛋事業股份有限公司、台灣美津
　　　　　濃、捷聲運動器材、大揚運動器材、力馬運動器材、
　　　　　Little League Baseball、聯合報系、中央通訊社、
　　　　　台灣電視公司、中華電視公司

贊助廠商：遠雄海洋公園、遠雄悅來大飯店、羅興華‧徐少游建
　　　　　築師事務所、聯合線上、台灣國際松下電工股份有限
　　　　　公司

作者　　謝仕淵、謝佳芬

美術設計　黃子欽

出版　　果實出版

電話　　(02) 2356-0933

傳真　　(02) 2327-9210

發行　　城邦文化事業股份有限公司

地址　　台北市愛國東路100號1樓

網址　　http://www.cite.com.tw

電話　　(02) 2396-5698

傳真　　(02) 2391-9882

郵撥帳號　18966004 城邦文化事業股份有限公司

印刷　　成陽印刷股份有限公司

出版日期　2003 年 8 月 初版

定價　　380 元

ISBN　　986-7796-10-1

有著作權　翻印必究

台灣棒球一百年／謝仕淵、謝佳芬著．——初版．
——台北市：果實出版：城邦文化發行，
2003〔民92〕
　面： 公分

　ISBN 986-7796-10-1(平裝)

　1. 棒球 - 臺灣 - 歷史

528.955　　　　　　　　　　　　92012348

Formosa 發現台灣系列
圖文卷

Formosa 發現台灣系列
圖文卷